NIESAMOWITA KSIĄŻKA KUCHENNA

Opanuj idealne ciasto i 100 niesamowitych nadzień z owocami, orzechami, kremami, kremami, lodami i nie tylko; Eksperckie techniki robienia wspaniałych ciast od podstaw

Natan Kowalczyk

Prawa autorskie ©2024

Wszelkie prawa zastrzeżone

Żadna część tej książki nie może być wykorzystywana ani rozpowszechniana w jakiejkolwiek formie i w jakikolwiek sposób bez odpowiedniej pisemnej zgody wydawcy i właściciela praw autorskich, z wyjątkiem krótkich cytatów użytych w recenzji. Niniejsza książka nie powinna być traktowana jako substytut porady lekarskiej, prawnej lub innej porady zawodowej.

SPIS TREŚCI

SPIS TREŚCI 3
WSTĘP 6
PRZEPISY PODSTAWOWE 7
   1. Okruchy ciasta 8
   2. Lukier z okruszków ciasta 10
   3. Skórka czekoladowa 12
   4. Niskotłuszczowe ciasto na ciasto 14
   5. Skórka Grahama 16
   6. Ciasto macierzyste 18
CIASTA Z KREMEM 20
   7. Mini ciasta z truskawkami i kremem 21
   8. Ciasto z kremem czekoladowym 23
   9. Ciasto z kremem bananowym 27
  10. Ciasto lodowe z mleka zbożowego 31
  11. Ciasto PB i J 33
  12. Ciasto z kremem bananowym 35
  13. Ciasto Brownie 38
  14. Ciasto z konikiem polnym 41
  15. Ciasto Blondynki 43
  16. Ciasto batonikowe 46
  17. Ciasto bezowo-pistacyjne cytrynowe 49
  18. Ciasto krakersowe 52
  19. Ciasto lodowe z mlekiem i płatkami kukurydzianymi 56
  20. Kremowe ciasto z ricottą 58
  21. Ciasto z kremem z nerkowców i bananów 60
  22. Ciasto z masłem orzechowym i lodami 62
  23. Ciasto z kremem bostońskim 64
RĘCZNE CIASTA 66
  24. Paszteciki S'mores 67
  25. Ciasta z jagodami 69
  26. Ciasto truskawkowe 71
  27. Ciasta z jabłkami 73
PIASTA OWOCOWE 76
  28. Kluczowe ciasto limonkowe 77
  29. Szarlotka na Patelni 80
  30. Ciasto z jagodami i rabarbarem 82
  31. Szarlotka 85
  32. Bezglutenowe, łatwe ciasto kokosowe 88
  33. Ciasto grejpfrutowe 90

34. Ciasto żurawinowe 92
35. Ciasto brzoskwiniowe 94
36. Ciasto z truskawkową chmurką 97
37. Ciasto ze świeżymi owocami bez pieczenia 100
38. Ciasto bananowo-mango 102
39. Ciasto z kremem truskawkowym 104
40. Ciasto bezowe z jabłkami 106
41. Szarlotka z kruszonką Cheddar 108

PASTY WARZYWNE 110

42. Rabarbar w makaroniku 111
43. Ciasto górnicze 113
44. Ciasto rabarbarowe 115
45. Ciasto ze słodkich ziemniaków 118
46. Ciasto Dyniowe 120
47. Południowy placek ze słodkich ziemniaków 122
48. Włoski placek z karczochami 124
49. Rustykalny placek wiejski 126
50. Ciasto z kurczakiem, porem i grzybami 128
51. Ciasto dyniowe z nutą rumu 131
52. Zielony placek pomidorowy 134
53. Ciasto szparagowe 136

CIASTA ORZECHOWE 138

54. Ciasto Orzechowe 139
55. Ciasto z orzechami laskowymi i białą czekoladą 142
56. Bezglutenowe, łatwe ciasto kokosowe 144
57. Ciasto owsiane z czarnego orzecha 146
58. Ciasto żołędziowe 148
59. Ciasto makaronikowe z migdałami i wiśniami 150
60. Ciasto czekoladowe Amaretto 152
61. Ciasto Snickers 154
62. Ciasto chrupiące wiśniowo-orzechowe 156

CIASTA ZIOŁOWE I KWIATOWE 158

63. Czekoladowo-miętowe ciasto espresso 159
64. Placki z rozmarynem, kiełbasą i serem 161
65. Ciasto cytrynowe z bratkami 163

PASTY Z MIĘSEM I KURCZAKIEM 166

66. Jajka na śniadanie 167
67. Placki z serem i kiełbasą 169
68. Rozmaryn, Paszteciki z Kiełbasą Z Kurczaka 171
69. Ciasto z kurczakiem 173
70. Ciasto z łosiem 175

CIASTA ZIARNA I MAKARONÓW **177**
71. Niezbyt banalne ciasto tamale 178
72. Paghetti z 180
73. Ciasto makaronowe ze szpinakiem i sezamem 182
74. Włoskie ciasto spaghetti 184
75. Ciasto kukurydziane 186

PIĘKNE CIASTA **188**
76. Staromodny placek karmelowy 189
77. Szarlotka Cynamonowo-Cukrowa 191
78. Szarlotka na brudnej patelni z solonym karmelem 194
79. Paszteciki z ajerkoniakiem 198
80. Ciasto Tiramisu z Przyprawą Dyniową 200
81. Ciasto z bułką cynamonową 202
82. Lody owsiane cynamonowe 205
83. Ciasto kokosowe Amaretto 207
84. Ciasto z kremem amiszowym 209

PIEKNE PIES **211**
85. Tiramisu Whoopie Pies 212
86. Ciasto z melasą 215
87. Ciasto owsiane 217

CIASTA **219**
88. Ciasto z grzybami i cielęciną 220
89. Ciasto z kurczakiem Cheddar 223
90. Ciasto wieprzowe wiejskie 225
91. Ciasto z homarem 227
92. Ciasto stekowe 230
93. Azjatycki placek z kurczakiem 232

CIASTA MIELONE **235**
94. Paszteciki Baileysa 236
95. Ciasto jabłkowo-mielone 239
96. Ciasto mielone z jabłkami 241
97. Ciasto żurawinowe 243
98. Ciasto mielone z cytryną 245
99. Ciasto mielone sadownicze 248
100. Ciasto mielone ze śmietaną 250

WNIOSEK **252**

WSTĘP

Od klasyków, takich jak szarlotka, po nowe ulubione, takie jak ciasto z jedwabiu mocha – na tej liście najlepszych przepisów na ciasta każdy znajdzie coś dla siebie. Istnieją nawet opcje bez pieczenia dla tych, którzy nie przepadają za pieczeniem. Oczywiście w przypadku wielu z tych przepisów można wybierać spośród wciskanego spodu ciasteczek, ciasta maślanego lub ciasta francuskiego. A kiedy wszystko inne zawiedzie, po prostu sięgnij po skórkę kupioną w sklepie. Nie ma nic złego w kupionym w sklepie skrócie, a zaoszczędzisz mnóstwo czasu podczas robienia cytrynowego ciasta bezowego! Ale niezależnie od tego, który przepis na ciasto wybierzesz, nie zapomnij wyłamać gałek lodów lub bitej śmietany do posypania!

PRZEPISY PODSTAWOWE

1. **Okruchy ciasta**

NA OKOŁO 350 G (2¾ FILIŻANKI)

SKŁADNIKI:
1. 240 g mąki [1½ szklanki]
2. 18 g cukru [2 łyżki]
3. 3 g soli koszernej [¾ łyżeczki]
4. 115 g roztopionego masła [8 łyżek stołowych (1 kostka)]
5. 20 g wody [1½ łyżki]

Wskazówki
a) Rozgrzej piekarnik do 350°F.
b) Połącz mąkę, cukier i sól w misie miksera stojącego wyposażonego w przystawkę do łopatek i mieszaj na niskiej prędkości, aż dobrze się wymiesza.
c) Dodaj masło i wodę i mieszaj na niskiej prędkości, aż mieszanina zacznie łączyć się w małe skupiska.
d) Rozłóż grona na blasze wyłożonej pergaminem lub Silpatem. Piec 25 minut, od czasu do czasu je rozbijając. Okruchy powinny być złocistobrązowe i w tym miejscu nadal lekko wilgotne w dotyku; wyschną i stwardnieją po ochłodzeniu.
e) Przed użyciem okruszki należy całkowicie ostudzić.

2. Lukier z okruszków ciasta

NA OKOŁO 220 G (¾ FILIŻANKI) LUB WYSTARCZY NA 2 WARSTWY CIASTA Z JABŁKAMI

SKŁADNIKI:
- ½ porcji Okruszków Ciasto
- 110 g mleka [½ szklanki]
- 2 g soli koszernej [½ łyżeczki]
- 40 g masła o temperaturze pokojowej [3 łyżki]
- 40 g cukru pudru [¼ szklanki]

Wskazówki

a) Połącz okruchy ciasta, mleko i sól w blenderze, zwiększ prędkość do średnio-wysokiej i puree, aż będzie gładkie i jednorodne. Zajmie to od 1 do 3 minut (w zależności od wydajności Twojego blendera). Jeśli mieszanina nie zaczepia się o ostrze blendera, wyłącz blender, weź małą łyżeczkę i zeskrob ze ścianek pojemnika, pamiętając o zdrapaniu spod ostrza, a następnie spróbuj ponownie.

b) Połącz masło i cukier puder w misie miksera wyposażonego w przystawkę do łopatek i ubijaj na średnim poziomie przez 2 do 3 minut, aż masa będzie puszysta i bladożółta. Za pomocą szpatułki zeskrobać boki miski.

c) Przy niskiej prędkości wmieszaj zawartość blendera. Po 1 minucie zwiększ prędkość do średnio-wysokiej i pozwól jej pracować przez kolejne 2 minuty. Zdrap boki miski. Jeśli mieszanina nie ma jednolitego, bardzo bladego, ledwo brązowego koloru, ponownie zeskrobuj miskę i kolejną minutę wiosłowania z dużą prędkością.

d) Lukier należy zużyć natychmiast lub przechowywać w szczelnym pojemniku w lodówce do 1 tygodnia.

3. Skórka czekoladowa

NA 1 (10-CALOWY) KRUSZT

SKŁADNIKI:
- ¾ porcji Kruszonka Czekoladowa [260 g (1¾ filiżanki)]
- 8 g cukru [2 łyżeczki]
- 0,5 g soli koszernej [⅛ łyżeczki]
- 14 g masła, roztopionego lub według potrzeby [1 łyżka stołowa]

Wskazówki

a) Zmiksuj okruszki czekolady w robocie kuchennym, aż staną się piaszczyste i nie pozostaną żadne większe grudki.

b) Przełóż piasek do miski i wymieszaj rękami z cukrem i solą. Dodaj roztopione masło i ugniataj je z piaskiem, aż będzie wystarczająco wilgotne, aby można je było ugniatać w kulę. Jeśli nie jest wystarczająco wilgotne, rozpuść dodatkowe 14 g (1 łyżka stołowa) masła i zagnieć je.

c) Przenieś mieszaninę do 10-calowej formy na ciasto. Palcami i dłońmi mocno dociśnij czekoladową skorupę do formy, upewniając się, że spód i boki formy są równomiernie przykryte. Zawinięty w folię spożywczą spód można przechowywać w temperaturze pokojowej do 5 dni lub w lodówce do 2 tygodni.

4. Niskotłuszczowe ciasto na ciasto

SKŁADNIKI:
- ⅓ szklanki (80 ml) oleju rzepakowego
- 1⅓ szklanki (160 g) mąki
- 2 łyżki (30 ml) zimnej wody

Wskazówki

a) Do mąki dodać olej i dobrze wymieszać widelcem. Skropić wodą i dobrze wymieszać. Rękami zagniatamy ciasto w kulę i spłaszczamy. Rozwałkuj pomiędzy dwoma kawałkami woskowanego papieru.

b) Usuń górną część woskowanego papieru, odwróć talerz i wyjmij drugi kawałek woskowanego papieru. Wciśnij na miejsce.

c) W przypadku ciast, które nie wymagają pieczonego nadzienia, piecz w temperaturze 400°F (200°C lub na poziomie gazu 6) przez 12 do 15 minut lub do momentu lekkiego zrumienienia.

5. Skórka Grahama

NA OKOŁO 340 G (2 FILIŻANKI)

SKŁADNIKI:
- 190 g okruchów krakersów graham 1½ szklanki]
- 20 g mleka w proszku [¼ szklanki]
- 25 g cukru [2 łyżki]
- 3 g soli koszernej [¾ łyżeczki]
- 55 g masła, roztopionego lub według potrzeby [4 łyżki (½ kostki)]
- 55 g gęstej śmietanki [¼ szklanki]

Wskazówki

a) Wrzuć okruchy grahamu, mleko w proszku, cukier i sól do średniej miski, aby równomiernie rozprowadzić suche składniki.
b) Wymieszaj masło i gęstą śmietanę.
c) Dodaj do suchych składników i ponownie wymieszaj, aby równomiernie się rozprowadzić.
d) Masło będzie działać jak klej, przylegając do suchych składników i zamieniając mieszaninę w pęczek małych skupisk. Mieszanka powinna zachować swój kształt, jeśli zostanie mocno ściśnięta w dłoni. Jeśli nie jest wystarczająco wilgotne, rozpuść dodatkowe 14 do 25 g (1 do 1½ łyżki stołowej) masła i wymieszaj.

6. Ciasto matki

MA OKOŁO 850 G (2 FUNTY)

SKŁADNIKI:
- 550 g mąki [3½ szklanki]
- 12 g soli koszernej [1 łyżka]
- 3,5 g aktywnych suszonych drożdży [½ opakowania lub 1⅛ łyżeczki]
- 370 g wody o temperaturze pokojowej [1¾ szklanki]

Wskazówki
a) Połączyć i wyrobić ciasto

CIASTA Z KREMEM

7. Mini ciasta z truskawkami i kremem

Ilość: 2 porcje

SKŁADNIKI:
- 3 łyżki śmietanki, ciężkiej
- 1 białko do posmarowania
- 1 ciasto na ciasto
- 2 łyżki migdałów
- 1 szklanka truskawek, pokrojona w plasterki

INSTRUKCJE:
a) Spłaszcz ciasto i pokrój je w 3-calowe koła.
b) Na środku ciasta rozłóż truskawki, migdały i śmietanę.
c) Brzegi posmarować białkiem i przykryć kolejnym ciastem.
d) Brzegi dociśnij widelcem.
e) Smażyć na powietrzu w temperaturze 360 stopni przez 10 minut.

8. ciasto z kremem czekoladowym

Ilość: 7 porcji

SKŁADNIKI:
CIASTO Z ORZECHAMI ORZECHOWYMI (NA 1 CIASTO):
- 1 Mąkę o wszechstronnym przeznaczeniu
- 1 szklanka drobno posiekanych orzechów pekan
- 4 uncje roztopionego masła

NADZIENIE KRUSZTOWE (NA 1 KROK):
- 1 szklanka pełnego mleka
- 1 szklanka pół na pół
- 1 szklanka granulowanego cukru
- ¼ szklanki skrobi kukurydzianej
- 3 żółtka
- 1 całe jajko
- 1 szklanka kawałków czekolady Ghirardelli 60% kakao
- 1 łyżka ekstraktu waniliowego

Nadzienie serowe:
- 1 szklanka gęstej śmietanki do ubijania
- 8 uncji serka śmietankowego
- 1 szklanka cukru pudru

bita polewa:
- 2 szklanki gęstej śmietany do ubijania
- ½ szklanki cukru pudru

MONTAŻ:
- Przygotowany i schłodzony spód ciasta
- ¾ szklanki nadzienia serowego
- Przygotowany i ostudzony krem
- Bita polewa
- Około 2 łyżki posiekanych kawałków czekolady Ghirardelli 60% kakao

INSTRUKCJE:
NA CIAŁO ORZECHOWE
a) Połącz wszystkie składniki rękami.

b) Wciśnij do foremki na ciasto o wysokości 9 cali. Pamiętaj, aby równomiernie docisnąć blachę do ciasta, zwracając szczególną uwagę na grubość rogów. Nie powinno być żadnych pęknięć.
c) Piec skórkę w temperaturze 375 stopni przez około 15 minut, sprawdzając gotowość po 10 minutach.
d) Studzimy na kratce do pieczenia przez co najmniej 45 minut.

DO NADZIENIA KREMOWEGO
e) Za pomocą rondla połącz mleko z pół na pół. Podgrzewaj na małym ogniu, aż się rozgrzeje, uważając, aby nie poparzyć mleka.
f) W osobnej misce wymieszaj cukier i skrobię kukurydzianą. Po połączeniu dodać żółtka i całe jajko do mieszanki skrobi kukurydzianej.
g) Wmieszać podgrzane mleko/mieszankę pół na pół do masy jajecznej.
h) Połączone **SKŁADNIKI:** wlać do tego samego rondla i ponownie postawić na ogień na średnim ogniu cały czas ubijając. NIE odchodź – ubijaj dalej.
i) Gdy mieszanina zgęstnieje do konsystencji budyniu, zdejmij ją z ognia. Na koniec dodaj wanilię.
j) Umieść kawałki czekolady w 2-litrowym pojemniku. Podgrzewaj w kuchence mikrofalowej co 30 sekund, mieszając pomiędzy przerwami, aż do rozpuszczenia. Dodaj roztopioną czekoladę do kremu, aż składniki dobrze się połączą.
k) Przykryj plastikową folią, aby uniknąć tworzenia się kożucha. Przechowywać w lodówce przez co najmniej 45 minut, aż ostygnie.

Nadzienie serowe:
l) Używając miksera, ubij ciężką śmietanę na sztywną pianę. Odłożyć na bok.
m) Używając miksera, ubijaj ser śmietankowy, aż zmięknie. Do serka śmietankowego powoli dodawaj cukier puder i mieszaj, aż masa będzie gładka.
n) Do ubitej śmietany dodać masę serową. Mieszaj, aż dobrze się połączą.

bita polewa:
o) Używając miksera stojącego, ubij ciężką śmietanę, aż osiągnie średnie szczyty.
p) Dodaj cukier i kontynuuj ubijanie, aż powstanie sztywna piana. NIE ubijaj zbyt mocno.

MONTAŻ:
q) Rozłóż równomiernie nadzienie serowe na dnie ciasta.
r) Nadzienie serowe przykryć przygotowanym i ostudzonym nadzieniem budyniowym.
s) Pokryj ciasto ubitą polewą.
t) Posypać posiekanymi kawałkami czekolady.

9. Ciasto z kremem bananowym

Ilość: 7 porcji

SKŁADNIKI:
CIASTO Z ORZECHAMI ORZECHOWYMI (NA 1 CIASTO):
- 1 Mąkę o wszechstronnym przeznaczeniu
- 1 szklanka drobno posiekanych orzechów pekan
- 4 uncje roztopionego masła

NADZIENIE KRUSZTOWE (NA 1 KROK):
- 1 szklanka pełnego mleka
- 1 szklanka pół na pół
- 1 szklanka granulowanego cukru
- ¼ szklanki skrobi kukurydzianej
- 3 żółtka
- 1 całe jajko
- 1 łyżka ekstraktu waniliowego

Nadzienie serowe:
- 1 szklanka gęstej śmietanki do ubijania
- 8 uncji serka śmietankowego
- 1 szklanka cukru pudru

bita polewa:
- 2 szklanki gęstej śmietany do ubijania
- ½ szklanki cukru pudru

MONTAŻ:
- Przygotowany i schłodzony spód ciasta
- ¾ szklanki nadzienia serowego
- 2 banany pokrojone na ukos
- Przygotowany i ostudzony krem
- Bita polewa
- Około 2 łyżki posiekanych orzechów pekan

INSTRUKCJE:
CIASTO Z ORZECHAMI ORZECHOWYMI:
a) Połącz wszystkie składniki rękami.
b) Wciśnij do foremki na ciasto o wysokości 9 cali. Pamiętaj, aby równomiernie docisnąć blachę do ciasta, zwracając szczególną uwagę na grubość rogów. Nie powinno być żadnych pęknięć.
c) Piec skórkę w temperaturze 375 stopni przez około 15 minut, sprawdzając gotowość po 10 minutach.
d) Studzimy na kratce do pieczenia przez co najmniej 45 minut.

NADZIENIE KREMOWE:
e) Za pomocą rondla połącz mleko z pół na pół. Podgrzewaj na małym ogniu, aż się rozgrzeje, uważając, aby nie poparzyć mleka.
f) W osobnej misce wymieszaj cukier i skrobię kukurydzianą. Po połączeniu dodać żółtka i całe jajko do mieszanki skrobi kukurydzianej.
g) Wmieszać podgrzane mleko/mieszankę pół na pół do masy jajecznej.
h) Połączone **SKŁADNIKI:** wlać do tego samego rondla i ponownie postawić na ogień na średnim ogniu cały czas ubijając. NIE odchodź – ubijaj dalej.
i) Gdy mieszanina zgęstnieje do konsystencji budyniu, zdejmij ją z ognia. Na koniec dodaj wanilię.
j) Przykryj plastikową folią, aby uniknąć tworzenia się kożucha. Przechowywać w lodówce przez co najmniej 45 minut, aż ostygnie.

Nadzienie serowe:
k) Używając miksera, ubij ciężką śmietanę na sztywną pianę. Odłożyć na bok.
l) Używając miksera, ubijaj ser śmietankowy, aż zmięknie. Do serka śmietankowego powoli dodawaj cukier puder i mieszaj, aż masa będzie gładka.
m) Do ubitej śmietany dodać masę serową. Mieszaj, aż dobrze się połączą.

bita polewa:
n) Używając miksera stojącego, ubij ciężką śmietanę, aż osiągnie średnie szczyty.
o) Dodaj cukier i kontynuuj ubijanie, aż powstanie sztywna piana. NIE ubijaj zbyt mocno.

MONTAŻ:
p) Rozłóż równomiernie nadzienie serowe na dnie ciasta.
q) Na nadzieniu serowym ułóż pokrojone ukośnie banany.
r) Banany przykryj przygotowanym i ostudzonym nadzieniem budyniowym.
s) Pokryj ciasto ubitą polewą i posiekanymi orzechami pekan.

10. Ciasto lodowe z mlekiem zbożowym

TWORZY 1 (10-CALOWY) KROK; PORCJA 8 DO 10

SKŁADNIKI:
- ½ porcji Cornflake Crunch [180 g (2 szklanki)]
- 25 g roztopionego masła [2 łyżki]
- 1 porcja lodów z mlekiem zbożowym

Wskazówki

a) Używając rąk, pokrusz klastry chrupiących płatków kukurydzianych do połowy ich wielkości.
b) Wrzuć roztopione masło do pokruszonych płatków kukurydzianych, dobrze wymieszaj. Używając palców i dłoni, mocno wciśnij mieszaninę do 10-calowej formy do ciasta, upewniając się, że spód i boki formy są równomiernie przykryte. Zawinięty w folię spożywczą spód można zamrozić do 2 tygodni.
c) Za pomocą szpatułki rozprowadź lody w skorupce ciasta. Zamrażaj ciasto na co najmniej 3 godziny lub do czasu, aż lody stwardnieją na tyle, że ciasto będzie można łatwo pokroić i podać. Ciasto zawinięte w folię spożywczą można przechowywać w zamrażarce przez 2 tygodnie.

11. Ciasto PB i J

TWORZY 1 (10-CALOWY) KROK; PORCJA 8 DO 10

SKŁADNIKI:
- 1 porcja nieupieczonego Ritz Crunch
- 1 porcja nugatu z masłem orzechowym
- 1 porcja sorbetu winogronowego Concord
- ½ porcji sosu winogronowego Concord

Wskazówki
a) Rozgrzej piekarnik do 275°F.
b) Wciśnij ciasto Ritz do 10-calowej formy do ciasta. Używając palców i dłoni, mocno wciśnij crunch, upewniając się, że równomiernie i całkowicie pokrywa spód i boki.
c) Formę wyłożyć na blachę i piec 20 minut. Skórka Ritza powinna być nieco bardziej złotobrązowa i nieco bardziej maślana niż chrupiąca, od której zacząłeś. Całkowicie ostudzić chrupiącą skórkę Ritz; owinięte w folię, skórkę można zamrażać do 2 tygodni.
d) Rozłóż nugat z masłem orzechowym na dnie ciasta i delikatnie dociśnij go, aby utworzył płaską warstwę. Zamroź tę warstwę na 30 minut lub do momentu, aż będzie zimna i twarda. Na nugat wyłóż sorbet i rozprowadź go równą warstwą. Włóż ciasto do zamrażarki, aż sorbet stwardnieje, od 30 minut do 1 godziny.
e) Na wierzch ciasta nałóż sos winogronowy Concord i szybko rozprowadź go równomiernie na sorbecie.
f) Włóż ciasto z powrotem do zamrażarki, aż będzie gotowe do pokrojenia i podania. Zawinięte (delikatnie) w folię spożywczą ciasto można zamrażać do 1 miesiąca.

12. Ciasto z kremem bananowym

TWORZY 1 (10-CALOWY) KROK; PORCJA 8 DO 10

SKŁADNIKI:
- 1 porcja kremu bananowego
- 1 porcja Ciasto Czekoladowe
- 1 banan, tylko dojrzały, pokrojony w plasterki

krem bananowy
- 225 g bananów
- 75 g gęstej śmietanki [⅓ szklanki]
- 55 g mleka [¼ szklanki]
- 100 g cukru [½ szklanki]
- 25 g skrobi kukurydzianej [2 łyżki]
- 2 g soli koszernej [½ łyżeczki]
- 3 żółtka
- 2 arkusze żelatyny
- 40 g masła [3 łyżki]
- 25 kropli żółtego barwnika spożywczego [½ łyżeczki]
- 160 g gęstej śmietanki [¾ szklanki]
- 160 g cukru pudru [1 szklanka]

Wskazówki
a) Do foremki ciasta wlać połowę kremu bananowego. Przykryj warstwą pokrojonych w plasterki bananów, następnie przykryj banany pozostałą częścią kremu bananowego. Ciasto należy przechowywać w lodówce i zjeść w ciągu jednego dnia od chwili przygotowania.
b) Połącz banany, śmietanę i mleko w blenderze i zmiksuj, aż masa będzie całkowicie gładka.
c) Dodaj cukier, skrobię kukurydzianą, sól i żółtka i kontynuuj mieszanie, aż masa będzie jednorodna. Wlać mieszaninę do średniego rondla. Wyczyść pojemnik blendera.
d) Rozpuść żelatynę.
e) Wymieszaj zawartość patelni i podgrzej na średnim ogniu. Gdy mieszanina bananów się nagrzeje, zgęstnieje. Doprowadzić do wrzenia i dalej energicznie ubijać przez 2 minuty, aby całkowicie

wygotować skrobię. Mieszanka będzie przypominać gęsty klej graniczący z cementem, o dopasowanym kolorze.

f) Wrzuć zawartość patelni do blendera. Dodaj napęczniałą żelatynę i masło i mieszaj, aż mieszanina będzie gładka i jednolita. Pokoloruj mieszaninę żółtym barwnikiem spożywczym, aż uzyska jaskrawo-bananowo-żółty kolor.
g) Przenieś mieszaninę bananów do żaroodpornego pojemnika i włóż do lodówki na 30 do 60 minut – tak długo, jak całkowicie ostygnie.
h) Za pomocą trzepaczki lub miksera z końcówką do ubijania ubić śmietankę z cukrem pudrem na średnio miękką pianę.
i) Dodaj zimną mieszankę bananową do bitej śmietany i powoli ubijaj, aż masa uzyska jednolity kolor i jednorodność. Przechowywany w szczelnym pojemniku krem bananowy zachowuje świeżość w lodówce do 5 dni.

13. Ciasto Brownie

TWORZY 1 (10-CALOWY) KROK; PORCJA 8 DO 10

SKŁADNIKI:
- ¾ porcji Graham Crust [255 g (1½ filiżanki)]
- 125 g czekolady 72% [4½ uncji]
- 85 g masła [6 łyżek]
- 2 jajka
- 150 g cukru [¾ szklanki]
- 40 g mąki [¼ szklanki]
- 25 g proszku kakaowego
- 2 g soli koszernej [½ łyżeczki]
- 110 g gęstej śmietanki [½ szklanki]

Wskazówki
a) Rozgrzej piekarnik do 350°F.
b) Wrzuć 210 g (1¼ szklanki) ciasta graham do 10-calowej formy do ciasta i odłóż pozostałe 45 g (¼ szklanki) na bok. Palcami i dłońmi mocno dociśnij ciasto do formy, całkowicie zakrywając dno i boki formy. Zawinięty w plastikową skorupę można przechowywać w lodówce lub zamrażarce do 2 tygodni.
c) Połącz czekoladę i masło w misce przeznaczonej do kuchenki mikrofalowej i delikatnie rozpuść je razem na małym ogniu przez 30 do 50 sekund. Wymieszaj je za pomocą żaroodpornej szpatułki, aż mieszanina stanie się błyszcząca i gładka.
d) Połącz jajka z cukrem w misie miksera wyposażonego w końcówkę do ubijania i ubijaj na wysokich obrotach przez 3 do 4 minut, aż mieszanina będzie puszysta, bladożółta i osiągnie stan wstążki. (Odłącz trzepaczkę, zanurz ją w ubitych jajkach i machaj nią w tę i z powrotem jak wahadłem: mieszanina powinna utworzyć gęstą, jedwabistą wstęgę, która opada, a następnie znika w cieście.) Jeśli mieszanina nie tworzy wstęg, kontynuuj ubijać na dużej wysokości w razie potrzeby.
e) Wymień trzepaczkę na nakładkę z łopatką. Wlać mieszaninę czekolady do jajek i krótko wymieszać na niskich obrotach, następnie zwiększyć prędkość do średniej i ubijać mieszanką przez 1 minutę lub do momentu, aż stanie się brązowa i

całkowicie jednorodna. Jeżeli widoczne są ciemne smugi czekolady, wiosłuj jeszcze kilka sekund lub w razie potrzeby. Zdrap boki miski.

f) Dodaj mąkę, kakao w proszku i sól i mieszaj na niskiej prędkości przez 45 do 60 sekund. Nie powinno być grudek suchych składników. Jeśli pojawią się grudki, miksuj przez dodatkowe 30 sekund. Zdrap boki miski.

g) Wlewaj gęstą śmietanę na małej prędkości, mieszając przez 30 do 45 sekund, aż ciasto trochę się rozluźni i całkowicie połączą się z nim białe smugi śmietany. Zdrap boki miski.

h) Odłącz łopatkę i wyjmij misę z miksera. Delikatnie wymieszaj szpatułką 45 g (¼ szklanki) ciasta graham.

i) Weź blachę i połóż na niej foremkę z ciastem graham. Za pomocą szpatułki zeskrob ciasto brownie z muszli graham. Piec 25 minut. Ciasto powinno lekko puchnąć po bokach i wytworzyć na wierzchu słodką skórkę. Jeśli ciasto brownie jest nadal płynne w środku i nie utworzyła się skorupa, piecz je przez dodatkowe 5 minut.

j) Schłodzić ciasto na kratce. (Możesz przyspieszyć proces chłodzenia, ostrożnie przenosząc ciasto do lodówki lub zamrażarki bezpośrednio z piekarnika, jeśli się spieszysz.) Ciasto zawinięte w folię spożywczą będzie świeże w lodówce do 1 tygodnia lub w zamrażarce do 2 tygodni.

14. Ciasto z konikiem polnym

TWORZY 1 (10-CALOWY) KROK; PORCJA 8 DO 10

SKŁADNIKI:
- 1 porcja Brownie Pie, przygotowana w kroku 8
- 1 porcja Nadzienia Sernik Miętowy
- 20 g mini chipsów czekoladowych [2 łyżki]
- 25 g mini pianek marshmallow [½ szklanki]
- 1 porcja miętowej glazury, ciepła

Wskazówki
a) Rozgrzej piekarnik do 350°F.
b) Weź blachę i połóż na niej foremkę z ciastem graham. Do muszli wlać miętowe nadzienie sernikowe. Na wierzch wyłóż masę brownie. Czubkiem noża obracaj ciasto i nadzienie miętowe, odrywając smugi nadzienia miętowego, tak aby były widoczne przez ciasto brownie.
c) Posyp mini kawałkami czekolady mały pierścień na środku ciasta, pozostawiając środek w kształcie „byczego oka" pusty. Posyp mini piankami marshmallow w pierścień wokół pierścienia kawałków czekolady.
d) Piecz ciasto przez 25 minut. Powinno lekko puchnąć na krawędziach, ale nadal być drgające w środku. Mini chipsy czekoladowe będą wyglądać, jakby zaczynały się topić, a mini pianki powinny być równomiernie opalone. Jeśli tak się nie stanie, pozostaw ciasto w piekarniku na dodatkowe 3–4 minuty.
e) Całkowicie ostudzić ciasto przed jego ukończeniem.
f) Upewnij się, że glazura jest nadal ciepła w dotyku. Zanurz zęby widelca w ciepłej glazurze, a następnie zawieś widelec około 1 cala nad środkiem ciasta w kształcie „dziesiątki".
g) Przenieś ciasto do lodówki, aby lukier miętowy stwardniał przed podaniem – co nastąpi, gdy tylko ostygnie, około 15 minut. Zawinięte w folię plastikową ciasto zachowa świeżość w lodówce do 1 tygodnia lub w zamrażarce do 2 tygodni.

15. Ciasto Blondynki

TWORZY 1 (10-CALOWY) KROK; PORCJA 8 DO 10

SKŁADNIKI:
- ¾ porcji Graham Crust
- [255 g (1½ filiżanki)]
- 1 porcja nadzienia Blondie Pie
- 1 porcja Praliny z nerkowców

DO WYPEŁNIENIA
- 160 g białej czekolady [5½ uncji]
- 55 g masła [4 łyżki (½ kostki)]
- 2 żółtka
- 40 g cukru [3 łyżki]
- 105 g gęstej śmietanki [½ szklanki]
- 52 g mąki [⅓ szklanki]
- ½ porcji Nerkowce kruche
- 4 g soli koszernej [1 łyżeczka]

Wskazówki

a) Połącz białą czekoladę i masło w misce przystosowanej do kuchenki mikrofalowej i delikatnie rozpuść je na średnim ogniu, w 30-sekundowych odstępach, mieszając pomiędzy uderzeniami. Po rozpuszczeniu wymieszaj masę, aż będzie gładka.

b) Do średniej miski włóż żółtka i cukier i wymieszaj, aż masa będzie gładka. Wlać masę z białą czekoladą i wymieszać do połączenia. Powoli wlewaj gęstą śmietanę i mieszaj, aż składniki się połączą.

c) W małej misce wymieszaj mąkę, kruche orzechy nerkowca i sól, a następnie ostrożnie dodaj je do nadzienia. Zużyć natychmiast lub przechowywać w szczelnym pojemniku w lodówce do 2 tygodni.

DO WYPEŁNIENIA

d) Rozgrzej piekarnik do 325°F.

e) Wrzuć skórkę grahamową do 10-calowej formy na ciasto. Palcami i dłońmi mocno dociśnij ciasto do formy, równomiernie pokrywając spód i boki. Odłożyć na bok na czas przygotowania nadzienia. Zawinięty w plastikową skorupę można przechowywać w lodówce lub zamrażarce do 2 tygodni.

f) Formę z ciastem wyłóż na blachę i polej nadzieniem blondie pie. Piecz ciasto przez 30 minut. Ustawi się lekko pośrodku i przyciemni kolor. Jeśli tak nie jest, dodaj 3 do 5 minut. Ostudzić do temperatury pokojowej.

g) Tuż przed podaniem posmaruj wierzch ciasta praliną z nerkowców.

16. Ciasto batonikowe

TWORZY 1 (10-CALOWY) KROK; SERWUJE 8

SKŁADNIKI:
- 1 porcja Słonego Karmelu, roztopionego
- 1 porcja Ciasta Czekoladowego, schłodzona
- 8 mini precli
- 1 porcja nugatu z masłem orzechowym
- 45 g czekolady 55% [1½ uncji]
- 45 g białej czekolady [1½ uncji]
- 20 g oleju z pestek winogron [2 łyżki]

Wskazówki
a) Na spód wlać słony karmel. Włóż ponownie do lodówki, aby zastygło na co najmniej 4 godziny lub na noc.
b) Rozgrzej piekarnik do 300°F.
c) Rozłóż precle na blasze i opiekaj przez 20 minut. Odstawić do ostygnięcia.
d) Wyjmij ciasto z lodówki i pokryj powierzchnię stwardniałego karmelu nugatem. Dłońmi dociśnij i wygładź nugat, tworząc równą warstwę. Ciasto ponownie włóż do lodówki i odczekaj 1 godzinę, aż nugat stwardnieje.
e) Przygotuj polewę czekoladową, łącząc czekoladki z olejem w misce przeznaczonej do kuchenki mikrofalowej i delikatnie roztapiając je na średnim poziomie w 30-sekundowych odstępach, mieszając pomiędzy uderzeniami. Gdy czekolada się rozpuści, wymieszaj masę, aż będzie gładka i błyszcząca. Glazurę zużyć tego samego dnia lub przechowywać w szczelnym pojemniku w temperaturze pokojowej do 3 tygodni.
f) Wykończ ciasto: Wyjmij je z lodówki i za pomocą pędzla pomaluj nugat cienką warstwą polewy czekoladowej, całkowicie ją pokrywając. (Jeśli lukier stwardniał, delikatnie go podgrzej, aby można było łatwo pomalować ciasto.) Rozłóż precle równomiernie na krawędziach ciasta. Za pomocą pędzla do ciasta posmaruj precle pozostałą polewą czekoladową cienką warstwą, utrwalając ich świeżość i smak.

g) Ciasto wkładamy do lodówki na co najmniej 15 minut, aby czekolada stwardniała. Zawinięte w folię, ciasto zachowa świeżość w lodówce przez 3 tygodnie lub w zamrażarce do 2 miesięcy; rozmrozić przed podaniem.

a) Pokrój ciasto na 8 plasterków, kierując się preclami: na każdym kawałku powinien znajdować się cały precel.

17. Ciasto cytrynowo-pistacjowe bezowo-pistacjowe

TWORZY 1 (10-CALOWY) KROK; PORCJA 8 DO 10

SKŁADNIKI:
- 1 porcja Pistacjowego Crunchu
- 15 g roztopionej białej czekolady [½ uncji]
- ¼ porcji Lemon Curd [305 g (1⅓ filiżanki)]
- 200 g cukru [1 szklanka]
- 100 g wody [½ szklanki]
- 3 białka jaj
- ⅓ porcji Lemon Curd [155 g (¼ szklanki)]

Wskazówki

a) Wrzuć chrupiącą masę pistacjową do 10-calowej foremki na ciasto. Palcami i dłońmi mocno dociśnij crunch do formy, upewniając się, że spód i boki są równomiernie przykryte. Odłożyć na bok na czas przygotowania nadzienia; zawinięte w folię, spód można przechowywać w lodówce do 2 tygodni.

b) Za pomocą pędzla do ciasta nałóż cienką warstwę białej czekolady na spód i boki ciasta. Włóż spód do zamrażarki na 10 minut, aby czekolada stwardniała.

c) Włóż 305 g (1⅓ szklanki) lemon curd do małej miski i zamieszaj, aby nieco poluzować. Zeskrob lemon curd na skórkę i za pomocą łyżki lub szpatułki rozprowadź go równą warstwą. Włóż ciasto do zamrażarki na około 10 minut, aby stwardniała warstwa lemon curd.

d) W międzyczasie wymieszaj cukier i wodę w małym rondlu o grubym dnie i delikatnie rozpuść cukier w wodzie, aż uzyskasz wrażenie mokrego piasku. Postaw rondelek na średnim ogniu i podgrzej mieszaninę do 115°C (239°F), mierząc temperaturę za pomocą termometru natychmiastowego lub termometru cukierniczego.

e) Podczas gdy cukier się nagrzewa, włóż białka do miski miksera i za pomocą końcówki do ubijania zacznij je ubijać na średnio-miękką pianę.

f) Gdy syrop cukrowy osiągnie temperaturę 115°C (239°F), zdejmij go z ognia i bardzo ostrożnie wlej do ubijanych białek, uważając, aby nie używać trzepaczki: zanim to zrobisz, zmniejsz obroty

miksera na bardzo niskie, chyba że chcesz mieć jakieś ciekawe ślady poparzeń na twarzy.
g) Gdy cały cukier zostanie pomyślnie dodany do białek, zwiększ prędkość miksera i poczekaj, aż beza ostygnie do temperatury pokojowej.
h) Podczas gdy beza się ubija, do dużej miski włóż 155 g (¼ szklanki) lemon curd i wymieszaj szpatułką, aby nieco ją rozluźnić.
i) Gdy beza ostygnie do temperatury pokojowej, wyłącz mikser, wyjmij miskę i za pomocą szpatułki wmieszaj bezę do lemon curd, tak aby nie pozostały białe smugi, uważając, aby nie spuścić powietrza z bezy.
j) Wyjmij ciasto z zamrażarki i połóż bezę cytrynową na wierzchu lemon curd. Za pomocą łyżki rozprowadź bezę równą warstwą, całkowicie zakrywając lemon curd.
k) Podawaj lub przechowuj ciasto w zamrażarce, aż będzie gotowe do użycia. Po zamrożeniu szczelnie owinięty w folię plastikową można przechowywać w zamrażarce do 3 tygodni. Przed podaniem ciasto należy rozmrozić przez noc w lodówce lub przez co najmniej 3 godziny w temperaturze pokojowej.

18. Ciasto kruche

TWORZY 2 (10-CALOWE) CIASTA; KAŻDA PORCJA OD 8 DO 10
SKŁADNIKI:
- 1 porcja ciasteczka owsianego
- 15 g jasnego brązowego cukru [1 łyżka ściśle upakowana]
- 1 g soli [¼ łyżeczki]
- 55 g masła, roztopionego lub według potrzeby [4 łyżki (½ kostki)]
- 1 porcja nadzienia Crack Pie
- cukier cukierniczy do posypania

DO WYPEŁNIENIA
- 300 g cukru kryształu [1½ szklanki]
- 180 g jasnego brązowego cukru [¾ szklanki ściśle zapakowanej]
- 20 g mleka w proszku [¼ szklanki]
- 24 g proszku kukurydzianego [¼ szklanki]
- 6 g soli koszernej [1½ łyżeczki]
- 225 g roztopionego masła [16 łyżek (2 paluszki)]
- 160 g gęstej śmietanki [¾ szklanki]
- 2 g ekstraktu waniliowego [½ łyżeczki]
- 8 żółtek

Wskazówki
a) Rozgrzej piekarnik do 350°F.
b) Włóż ciastko owsiane, brązowy cukier i sól do robota kuchennego i włączaj i wyłączaj, aż ciasteczko rozpadnie się na mokry piasek. (Jeśli nie masz robota kuchennego, możesz udawać, aż Ci się uda i starannie pokruszyć ciastko owsiane rękami.)
c) Przełóż okruszki do miski, dodaj masło i ugniataj mieszaninę masła i zmielonych ciasteczek, aż będą wystarczająco wilgotne, aby uformować kulę. Jeśli nie jest wystarczająco wilgotne, rozpuść dodatkowe 14 do 25 g (1 do 1½ łyżki stołowej) masła i zagnieć je.
d) Podzielić skórkę owsianą równomiernie pomiędzy 2 (10-calowe) foremki na ciasto. Używając palców i dłoni, mocno dociśnij ciasto owsiane do każdej foremki, upewniając się, że spód i boki formy są równomiernie przykryte. Skorupki ciasta należy

wykorzystać natychmiast lub dobrze zawinąć w folię i przechowywać w temperaturze pokojowej do 5 dni lub w lodówce do 2 tygodni.

e) Obie muszle ułóż na blaszce. Rozłóż nadzienie crack pie równomiernie pomiędzy skórkami; nadzienie powinno wypełnić je w trzech czwartych wysokości. Piec tylko 15 minut. Ciasta powinny być złocistobrązowe z wierzchu, ale nadal będą bardzo niestabilne.

f) Otwórz drzwiczki piekarnika i obniż temperaturę piekarnika do 325°F. W zależności od piekarnika ochłodzenie piekarnika do nowej temperatury może zająć 5 minut lub dłużej. Podczas tego procesu przechowuj placki w piekarniku. Gdy piekarnik osiągnie 100°C, zamknij drzwiczki i piecz ciasta jeszcze 5 minut. Ciasta powinny nadal drgać w środku tarczy, ale nie wokół zewnętrznych krawędzi. Jeśli nadzienie jest nadal zbyt luźne, pozostaw placki w piekarniku na około 5 minut.

g) Delikatnie wyjmij formę z ciastkami z crackiem z piekarnika i przenieś na kratkę, aby ostygły do temperatury pokojowej. (Możesz przyspieszyć proces chłodzenia, ostrożnie przenosząc ciasta do lodówki lub zamrażarki, jeśli się spieszysz.) Następnie zamrażaj ciasta na co najmniej 3 godziny lub na noc, aby skondensować nadzienie i uzyskać gęsty produkt końcowy— zamrażanie to charakterystyczna technika i wynik doskonale wykonanego ciasta z crackiem.

h) Jeśli nie podajesz ciast od razu, dobrze zawiń je w folię spożywczą. W lodówce zachowają świeżość przez 5 dni; w zamrażarce, można je przechowywać przez 1 miesiąc. Przenieś ciasto(a) z zamrażarki do lodówki, aby rozmrozić co najmniej 1 godzinę, zanim będziesz gotowy, aby tam wejść.

i) Podawaj ciasto z crackiem na zimno! Udekoruj swoje ciasto cukrem cukierniczym, przepuszczając je przez drobne sito lub rozprowadzając szczypty palcami.

DO WYPEŁNIENIA

j) Połącz cukier, brązowy cukier, mleko w proszku, kukurydzę w proszku i sól w misie miksera stojącego wyposażonego w przystawkę do łopatek i mieszaj na niskiej prędkości, aż do uzyskania jednolitej masy.

k) Dodaj roztopione masło i mieszaj przez 2 do 3 minut, aż wszystkie suche składniki będą wilgotne.

l) Dodaj ciężką śmietankę i wanilię i kontynuuj mieszanie na niskim poziomie przez 2 do 3 minut, aż białe smugi ze śmietanki całkowicie znikną w mieszaninie. Za pomocą szpatułki zeskrobać boki miski.

m) Dodaj żółtka, wiosłując je do mieszanki, tylko do połączenia; uważaj, aby nie napowietrzyć mieszaniny, ale upewnij się, że mieszanina jest błyszcząca i jednorodna. Mieszaj na niskiej prędkości, aż do uzyskania takiego efektu.

n) Nadzienie należy wykorzystać od razu lub przechowywać w szczelnym pojemniku w lodówce do 1 tygodnia.

19. Ciasto lodowe z mlekiem zbożowym i słodką kukurydzą

TWORZY 1 (10-CALOWY) KROK; PORCJA 8 DO 10

SKŁADNIKI:
- 225 g Ciasteczek Kukurydzianych [około 3 ciasteczek]
- 25 g masła, roztopionego lub według uznania [2 łyżki]
- 1 porcja Nadzienie „Ice Cream" z mleka zbożowego ze słodkiej kukurydzy

Wskazówki

a) Włóż ciasteczka kukurydziane do robota kuchennego i włączaj i wyłączaj je, aż ciasteczka zostaną pokruszone na jasnożółty piasek.
b) W misce zagniataj ręcznie mieszankę masła i zmielonych ciasteczek, aż będzie wystarczająco wilgotna, aby uformować kulę. Jeśli nie jest wystarczająco wilgotne, rozpuść dodatkowe 14 g (1 łyżka stołowa) masła i zagnieć je.
c) Używając palców i dłoni, mocno dociśnij skorupę ciasteczka kukurydzianego do 10-calowego talerza do ciasta. Upewnij się, że spód i ścianki formy są równomiernie przykryte. Zawinięty w folię spożywczą spód można zamrozić do 2 tygodni.
d) Za pomocą szpatułki zeskrobać i rozprowadzić nadzienie „lodowe" z mleka zbożowego na skorupce ciasta. Uderz napełnionym ciastem o powierzchnię blatu, aby wyrównać nadzienie.
e) Zamrażaj ciasto na co najmniej 3 godziny lub do czasu, aż „lody" zamrożą się i stwardnieją na tyle, że będzie można je kroić i podawać. Jeśli zostawiasz kawałki nieba na później, możesz zamrozić ciasto lodowe zawinięte w folię plastikową na maksymalnie 2 tygodnie.

20. Kremowe ciasto z ricottą

Sprawia: 6

- **SKŁADNIKI:**
- 1 ciasto kupione w sklepie
- 1 ½ funta sera ricotta
- ½ szklanki serka mascarpone
- 4 ubite jajka
- ½ szklanki białego cukru
- 1 łyżka brandy

INSTRUKCJE:

a) Rozgrzej piekarnik do 350 stopni Fahrenheita.
b) Połączyć wszystkie SKŁADNIKI nadzienia : w misce miksującej. Następnie wlać mieszaninę do ciasta.
c) Rozgrzej piekarnik do 350°F i piecz przez 45 minut.
d) Przed podaniem ciasto należy przechowywać w lodówce przez co najmniej 1 godzinę.

21. Ciasto z kremem z nerkowców i bananów

Na 8 porcji

SKŁADNIKI:
- 1 1/2 szklanki wegańskich okruszków ciasteczek waniliowych
- 1/4 szklanki wegańskiej margaryny, roztopionej
- 1/2 szklanki niesolonych surowych orzechów nerkowca
- 1 (13 uncji) puszka niesłodzonego mleka kokosowego
- 2/3 szklanki cukru
- dojrzałe banany
- 1 łyżka płatków agarowych
- 1 łyżeczka czystego ekstraktu waniliowego
- 1 łyżeczka ekstraktu kokosowego (opcjonalnie)
- Wegańska bita śmietana, domowej roboty lub kupna w sklepie, i prażone kokosy do dekoracji

INSTRUKCJE:
a) Lekko naoliwij dno i boki 8-calowej tortownicy lub talerza do ciasta i odłóż na bok. W robocie kuchennym połącz okruchy ciasteczek z margaryną i pulsuj, aż okruchy zostaną zwilżone. Wciśnij mieszaninę okruszków na dno i boki przygotowanej formy. Przechowywać w lodówce do momentu użycia.
b) W wysokoobrotowym blenderze zmiel orzechy nerkowca na proszek. Dodaj mleko kokosowe, cukier i jeden z bananów i mieszaj, aż masa będzie gładka. Przełóż mieszaninę do rondla, dodaj płatki agaru i odstaw na 10 minut, aby agar zmiękł. Doprowadzić do wrzenia, a następnie zmniejszyć ogień do małego i gotować na wolnym ogniu, ciągle mieszając, aby rozpuścić agar, około 3 minut. Zdjąć z ognia i wymieszać z sokiem z cytryny, wanilią i ekstraktem kokosowym, jeśli używasz. Odłożyć na bok.
c) Pozostałe 2 banany pokroić w plasterki o grubości 1/4 cala i równomiernie ułożyć na dnie przygotowanego ciasta.
d) patelnia. Rozłóż mieszaninę nerkowców i bananów na patelni, a następnie wstaw do lodówki, aż dobrze się schłodzi. Gotowe do podania udekoruj bitą śmietaną i prażonymi wiórkami kokosowymi. Resztki przechowuj pod przykryciem w lodówce.

22. Ciasto z masłem orzechowym i lodami

Na 8 porcji

SKŁADNIKI:
- 1 1/2 szklanki okruszków wegańskich ciasteczek czekoladowych
- 1/4 szklanki wegańskiej margaryny, roztopionej
- 1 litr wegańskich lodów waniliowych, zmiękczonych
- 2 szklanki kremowego masła orzechowego
- Wegańskie loki czekoladowe, do dekoracji

INSTRUKCJE:
a) Lekko natłuść dno i boki 9-calowej tortownicy i odłóż na bok. W robocie kuchennym połącz okruchy ciasteczek z margaryną i miksuj, aż okruchy zostaną zwilżone. Wciśnij mieszaninę okruchów do przygotowanej formy i wciśnij jej dno i boki. Przechowywać w lodówce do momentu użycia.
b) W robocie kuchennym połącz lody i masło orzechowe, mieszaj, aż dobrze się wymieszają. Powstałą masę równomiernie rozprowadź na przygotowanym cieście.
c) Zamrażaj na 3 godziny lub na noc. Doprowadzić ciasto do temperatury pokojowej na 5 minut i ostrożnie zdjąć boki tortownicy. Posypujemy wierzch ciasta kawałkami czekolady i podajemy.

23. Ciasto z kremem B Oston

Na: 1 porcję

SKŁADNIKI:
- 1 szklanka mleka
- ½ szklanki cukru granulowanego
- 3 łyżki mąki
- ⅛ łyżeczki soli
- 2 żółtka jaj
- 1 ½ łyżeczki wanilii
- 2 8-calowe warstwy Boston Favourite
- Ciasto (patrz MM #3607)
- Cukier cukierników

INSTRUKCJE:
a) Podgrzej mleko na patelni, aż będzie bardzo gorące, następnie energicznie wymieszaj z granulowanym cukrem, mąką i solą. Gotuj na umiarkowanym ogniu, ciągle mieszając, aż masa będzie bardzo gęsta.
b) Dodać żółtka i smażyć, ciągle mieszając, przez kolejne 4-5 minut. Zdjąć z ognia, dodać wanilię i ostudzić, od czasu do czasu mieszając. Dobrze przykryj i przechowuj w lodówce do momentu użycia.
c) Pomiędzy warstwy ciasta rozsmaruj krem i posyp wierzch ciasta cukrem pudrem. Przechowywać w lodówce.

RĘCZNE CIASTA

24. Paszteciki S'mores

Na: 8 ręcznie robionych ciast

SKŁADNIKI:
- 1 op. (2 skórki) schłodzone, niegotowane skórki
- 2 ŁYŻKI STOŁOWE. plus 2 łyżeczki. masło, stopione
- 1 szklanka kremu marshmallow
- 4 podwójne krakersy graham, pokruszone
- 1 szklanka półsłodkich kawałków czekolady
- 1 duże jajko, lekko ubite

INSTRUKCJE:
a) Rozgrzej piekarnik do 171°C (340°F).
b) Dwie blachy do pieczenia wyłóż papierem pergaminowym i odłóż na bok.
c) Połóż kawałki ciasta na posypanej mąką powierzchni roboczej i lekko rozwałkuj za pomocą wałka do ciasta. Używanie małej, przewróconej miski o średnicy 6 cali. (15 cm), wciśnij w ciasto i wytnij 8 kółek. Każde kółko posmaruj 1 łyżeczką masła.
d) Na każdym kółku połóż 2 łyżki pianki marshmallow. Równomiernie rozłóż okruszki krakersów graham na połowie wszystkich 8 okręgów, pozostawiając brzeg o średnicy 1,25 cm. Każdy z nich posypujemy półsłodkimi kawałkami czekolady.
e) Za pomocą pędzla cukierniczego pomaluj krawędzie kół jajkiem. Złóż kółka i dociśnij, aby je uszczelnić. Za pomocą widelca zrób wgłębienia wokół skórki. Ostrym nożem wykonaj otwory wentylacyjne dla pary.
f) Piec przez 12 do 14 minut lub do złotego koloru. Przed podaniem pozostawić do ostygnięcia.
g) Przechowywanie: Przechowywać w szczelnym pojemniku w temperaturze pokojowej do 3 dni.

25. Ciasta z jagodami

Robi: 8

SKŁADNIKI:
- 1 szklanka jagód
- 2 ½ łyżki cukru pudru
- 1 łyżeczka soku z cytryny
- 1 szczypta soli
- 320 g schłodzonego ciasta na ciasto
- Woda

INSTRUKCJE:
a) W średniej misce wymieszaj jagody, cukier, sok z cytryny i sól.
b) Rozwałkuj ciasto i wytnij 6-8 oddzielnych kółek.
c) Na środku każdego koła umieść około 1 łyżkę nadzienia jagodowego.
d) Zwilż krawędzie ciasta i złóż je na nadzieniu, tworząc kształt półksiężyca.
e) Delikatnie zaciśnij brzegi ciasta widelcem. Następnie na wierzchu ciasteczek wytnij trzy nacięcia.
f) Spryskaj olejem kuchennym ciasta.
g) Umieść je na płycie SearPlate.
h) Włącz piekarnik z frytkownicą i obróć pokrętło, aby wybrać „Pieczenie".
i) Wybierz timer na 20 minut i temperaturę na 350°F.
j) Gdy urządzenie wyemituje sygnał dźwiękowy oznaczający, że zostało wstępnie podgrzane, otwórz drzwiczki piekarnika i włóż talerz SearPlate do piekarnika.
k) Przed podaniem poczekaj dwie minuty, aż ostygnie.

26. Ciasto truskawkowe

Na: 1 porcję

SKŁADNIKI:
- 1 Włóż masło
- 1 ¼ szklanki cukru
- 1 jajko
- 3 uncje serka śmietankowego
- 2 łyżeczki maślanki
- 3 szklanki mąki uniwersalnej
- ¼ łyżeczki sody oczyszczonej
- 1 łyżeczka proszku do pieczenia
- ½ łyżeczki soli
- 1 szklanka konfitur truskawkowych
- 2 szklanki pokrojonych w kostkę świeżych truskawek
- 1 łyżeczka soku z cytryny
- 2 łyżeczki skórki cytrynowej

INSTRUKCJE:
a) Aby przygotować ciasto, utrzyj masło z cukrem za pomocą miksera elektrycznego. Dodaj jajko i serek śmietankowy, dobrze wymieszaj.
b) Dodać maślankę i wymieszać do połączenia. Powoli wsypywać mąkę, wyrabiając ciasto. Dodaj sodę oczyszczoną, proszek do pieczenia i sól. Dobrze wymieszaj, a następnie zagniataj ciasto rękami, tworząc kulę.
c) Ciasto schłodzić przez 1 godzinę. Aby zrobić placki, rozwałkuj ciasto i wytnij sześć krążków o średnicy 6 cali. Przygotuj nadzienie, łącząc konfitury truskawkowe, świeże truskawki, sok z cytryny i skórkę z cytryny. Nałóż 3 łyżki nadzienia po jednej stronie każdego koła ciasta. Złóż ciasto czystą stroną i dociśnij brzegi widelcem.
d) Piec w temperaturze 375 stopni przez 20 minut, aż uzyska złoty kolor.

27. Ciasteczka Jabłkowe

Na: 8-10 ręcznie robionych ciast

SKŁADNIKI:
- 2 filiżanki mąki uniwersalnej
- 1 łyżeczka soli
- 1 łyżka cukru
- 3/4 sztyftu (3/4 szklanki) tłuszczu warzywnego, pokrojonego w kostkę
- 4 do 8 łyżek lodowatej wody

DO WYPEŁNIENIA
- 2 duże jabłka do pieczenia, obrane, wydrążone i pokrojone w kostkę
- 3 łyżki granulowanego cukru
- 3 łyżki jasnego brązowego cukru
- 1 1/2 łyżeczki przyprawy do szarlotki
- 1 łyżeczka mąki uniwersalnej

DO polewy
- 1 duże jajko
- 1 łyżeczka wody
- cukier musujący, opcjonalnie

INSTRUKCJE

DO SKORUPY

a) W dużej misce wymieszaj mąkę, sól i cukier.
b) Pokrój tłuszcz na mieszaninę mąki za pomocą blendera cukierniczego lub dwóch noży.
c) Mieszaj widelcem tyle wody, aż ciasto będzie się trzymać razem.
d) Z ciasta uformuj kulę i spłaszcz ją na okrągły dysk. Aby ułatwić wałkowanie, zawiń ciasto w folię. Schładzaj przez 30 minut lub do 2 dni.
e) Gdy ciasto zostanie schłodzone i będziesz gotowy do składania ciast, rozgrzej piekarnik do 400°F, wyłóż blachę do pieczenia papierem pergaminowym i przygotuj nadzienie.

DO WYPEŁNIENIA

f) W średniej misce wymieszaj jabłka z cukrami, przyprawą do szarlotki i mąką.

ZŁOŻYĆ CIASTA

g) Wyjmij ciasto z lodówki i wyjmij z plastikowego opakowania.
h) Na obficie posypanej mąką powierzchni roboczej rozwałkuj ciasto, aż osiągnie grubość około 1/8 cala.
i) Za pomocą okrągłej foremki do ciastek o średnicy 5 cali pokrój ciasto w koła. W razie potrzeby ponownie rozwałkuj ciasto, aby utworzyć 8-10 kółek.
j) Na środek każdego koła ciasta nałóż jedną czubatą łyżkę nadzienia, pozostawiając jak najwięcej płynu.
k) Złóż okrąg ciasta na pół i za pomocą palców lub widelca zaciśnij i zaciśnij krawędzie.
l) Ułóż ciasteczka na przygotowanej blasze do pieczenia.
m) W małej misce wymieszaj jajko i wodę.
n) Czubkiem ostrego noża wytnij 2 małe nacięcia na górze każdego ciasta.
o) Za pomocą pędzla do ciasta delikatnie posmaruj wierzch ciasta rozmąconym jajkiem. W razie potrzeby posyp cukrem musującym.
p) Piec w nagrzanym piekarniku przez 20-25 minut lub do złotego koloru.
q) Pozwól, aby ręczne ciasta ostygły. Jeśli chcesz, podawaj z domowym solonym sosem karmelowym.

PIERŚCIONKI OWOCOWE

28. Kluczowe ciasto limonkowe

Daje: 8-10

SKŁADNIKI:
SKORUPA:
- 2 szklanki orzechów makadamia
- 2 szklanki orzechów pekan
- 2 szczypty soli
- 2-3 łyżki pasty daktylowej

POŻYWNY
- 1 szklanka soku z limonki
- 1 łyżeczka zielonej żywności (opcjonalnie)
- 1 szklanka mokrego awokado, miara
- 1 ½ szklanki mleka kokosowego
- 1 szklanka nektaru z agawy
- 3 łyżki soli lecytynowej i wanilii do smaku
- 1 szklanka bezzapachowego kokosa lub il

POlewa BEZOWA
- 1 uncja. (¼ szklanki) namoczonego i umytego mchu morskiego
- ½ szklanki wody
- 2 szklanki mleka kokosowego
- ½ szklanki mięsa kokosowego
- ½ szklanki namoczonych nerkowców
- 6 łyżek agawy
- sól i wanilia do smaku
- 1 ½ łyżki lecytyny
- 1 szklanka oleju kokosowego (bezzapachowego)

INSTRUKCJE:
SKORUPA:
a) Wszystkie składniki umieść w robocie kuchennym i zmiksuj na gładkie puree.
b) Wciśnij na talerz i przechowuj w lodówce, aż masa stwardnieje.

POŻYWNY
c) Przygotuj mleko kokosowe, mieszając wodę z młodego kokosa z mięsem.
d) Mieszaj, aż będzie gładka.

e) Wylać na spód ciasta i pozostawić do stężenia w lodówce.

POlewa BEZOWA

f) Mech namoczyć w oczyszczonej wodzie na 30 minut – 3 godziny, następnie dobrze wypłukać i odcedzić.
g) Mieszaj mech morski i wodę przez co najmniej 30 sekund lub do momentu rozkładu.
h) Dodaj resztę SKŁADNIKÓW : z wyjątkiem lecytyny i oleju kokosowego i mieszaj, aż składniki się dobrze połączą.
i) Podczas miksowania dodawaj lecytynę i olej kokosowy, aż masa będzie gładka i kremowa.
j) Wlać do miski i przechowywać w lodówce, aż zgęstnieje i będzie zimne.

29. Patelnia Szarlotka

Ilość porcji: 8 Ilość porcji: 1 szarlotka

- ½ szklanki masła
- 1 szklanka brązowego cukru
- 5 obranych jabłek Granny Smith, i cienko pokrojone
- 3 (9 cali) wstępnie zwinięte w lodówce skórki na ciasto
- 1 szklanka białego cukru, podzielona
- 2 łyżeczki mielonego cynamonu, podzielone
- ¼ szklanki białego cukru
- 1 łyżka masła, pokrojonego na małe kawałki

Wskazówki

a) Rozgrzej piekarnik do 350 stopni F (175 stopni C).
b) Umieść 1/2 szklanki masła na ciężkiej żeliwnej patelni i rozpuść masło w piekarniku. Usunąć patelnię i posyp brązowym cukrem; wróć do piekarnika, aby się rozgrzał przygotować jabłka.
c) Wyjmij patelnię i połóż 1 schłodzony spód ciasta na wierzchu brązowego cukru. Na górze Ciasto kruche z połową pokrojonych jabłek.
d) Posyp jabłka 1/2 szklanki cukru i 1 łyżeczka cynamonu; połóż drugi placek na jabłkach; przykryć drugą skorupę z pozostałymi jabłkami i posypać 1/2 szklanki cukru i 1 łyżeczką cynamonu.
e) Na wierzch ułóż trzecią skórkę; posyp górny spód 1/4 szklanki cukru i kropką 1 łyżka masła. Wytnij 4 nacięcia w górnym cieście, aby uzyskać parę.
f) Piec w nagrzanym piekarniku, aż jabłka będą miękkie, a skórka złocista, około 45 minut. Podawać na ciepło.

30. Ciasto Jagodowo-Rabarbarowe

Ilość: 7 porcji

SKŁADNIKI:
NADZIENIE PLACKA:
- 4 szklanki posiekanego świeżego rabarbaru
- 2 szklanki świeżych jagód
- 2 łyżki roztopionego masła
- 1-⅓ szklanki białego cukru
- ⅔ szklanki czwartej

KRUSZONY BLAT:
- ½ szklanki (1 kostka) roztopionego masła
- 1 szklanka mąki
- 1 szklanka płatków owsianych
- 1 szklanka tłoczonego brązowego cukru
- 1 łyżeczka cynamonu

INSTRUKCJE:
NADZIENIE PLACKA:
a) Spryskaj spód formy do ciasta o głębokości 9 cali sprayem.
b) Blachę wyłóż ciastem. Jeśli robisz kruszonkę, przed nadzieniem posmaruj brzegi ciasta.
c) Przed dodaniem nadzienia do ciasta równomiernie rozprowadź ¼ szklanki mąki na dnie ciasta.
d) Połącz wszystkie **NADZIENIE DO CIASTA SKŁADNIKI:** i wciśnij w spód ciasta.

KRUSZONY BLAT:
e) Połącz wszystkie składniki, aż dobrze się wymieszają i powstaną kruszonki.

PIECZENIE:
f) Do nadzienia ciasta dodajemy kruszonkę, równomiernie rozprowadzamy. Jeśli używasz wierzchu ciasta, połóż go na całym nadzieniu i dociśnij krawędzie górnego ciasta do dolnego ciasta, karbując krawędzie. W górnej części ciasta wykonaj nacięcia, aby ciasto odparowało. Spryskaj wierzchnią warstwę sprayem do patelni i dobrze posyp 5 łyżkami surowego cukru.
g) Przykryj folią aluminiową i piecz w temperaturze 350 stopni przez 1 godzinę (krócej, jeśli używasz piekarnika konwekcyjnego)
h) Przed podaniem poczekaj, aż ciasto całkowicie ostygnie.

31. Szarlotka

Ilość: 7 porcji

SKŁADNIKI:

NADZIENIE PLACKA:
- 8 jabłek Granny Smith, obranych i pokrojonych w plasterki (7 jabłek, jeśli jabłka są bardzo duże)
- 2 łyżki roztopionego masła
- ⅔ szklanki mąki
- 1 szklanka cukru białego
- 1 łyżeczka cynamonu

KRUSZONY BLAT:
- ½ szklanki (1 kostka) roztopionego masła
- 1 szklanka mąki
- 1 szklanka płatków owsianych
- 1 szklanka tłoczonego brązowego cukru
- 1 łyżeczka cynamonu

INSTRUKCJE:
NADZIENIE PLACKA:
a) Spryskaj spód formy do ciasta o głębokości 9 cali sprayem.
b) Blachę wyłóż ciastem. Jeśli robisz kruszonkę, przed nadzieniem posmaruj brzegi ciasta.
c) Przed dodaniem nadzienia do ciasta równomiernie rozprowadź ¼ szklanki mąki na dnie ciasta.
d) Połącz wszystkie **NADZIENIE DO CIASTA SKŁADNIKI:** i wciśnij w spód ciasta. Ciasto będzie dość duże.

KRUSZONY BLAT:
e) Połącz wszystkie składniki, aż dobrze się wymieszają i powstaną kruszonki.

PIECZENIE:
f) Do nadzienia ciasta dodajemy kruszonkę, równomiernie rozprowadzamy. Jeśli używasz wierzchu ciasta, połóż go na całym nadzieniu i dociśnij krawędzie górnego ciasta do dolnego ciasta, karbując krawędzie.
g) W górnej części ciasta wykonaj nacięcia, aby ciasto odparowało. Spryskaj wierzchnią warstwę sprayem do patelni i dobrze posyp 5 łyżkami surowego cukru.
h) Przykryj folią aluminiową i piecz w temperaturze 350 stopni przez 1 godzinę (krócej, jeśli używasz piekarnika konwekcyjnego)
i) Przed podaniem poczekaj, aż ciasto całkowicie ostygnie.

32. Bezglutenowe, łatwe ciasto kokosowe

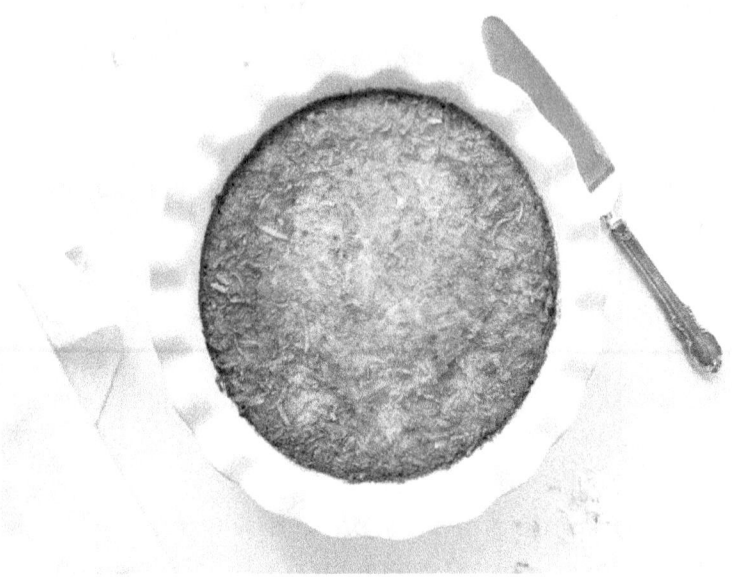

Daje: 6-8

SKŁADNIKI:
- 1 łyżeczka ekstraktu waniliowego
- 2 jajka
- 1 1/2 szklanki mleka
- 1/2 szklanki owoców mnicha
- 1/2 szklanki mąki kokosowej
- 1/4 szklanki masła
- 1 szklanka wiórków kokosowych

INSTRUKCJE:
a) Połączyć wszystkie **SKŁADNIKI:** wyrobić ciasto.
b) Nasmaruj blachę do ciasta nieprzywierającym sprayem i wypełnij ją ciastem.
c) Gotuj we frytkownicy w temperaturze 350 stopni przez 12 minut.

33. Ciasto grejpfrutowe

TWORZY 1 (10-CALOWY) KROK; PORCJA 8 DO 10

SKŁADNIKI:
- 1 porcja nieupieczonego Ritz Crunch
- 1 porcja twarogu grejpfrutowego Passion
- 1 porcja słodzonego skondensowanego grejpfruta

Wskazówki
a) Rozgrzej piekarnik do 275°F.
b) Wciśnij ciasto Ritz do 10-calowej formy do ciasta. Używając palców i dłoni, mocno wciśnij crunch, upewniając się, że równomiernie i całkowicie pokrywa spód i boki.
c) Formę wyłożyć na blachę i piec 20 minut. Skórka Ritza powinna być nieco bardziej złotobrązowa i nieco bardziej maślana niż chrupiąca, od której zacząłeś. Całkowicie ostudzić skórkę; owinięte w folię, skórkę można zamrażać do 2 tygodni.
d) Za pomocą łyżki lub przesuniętej szpatułki równomiernie rozprowadź twaróg grejpfrutowy na dnie skorupy Ritza. Włóż ciasto do zamrażarki, aby skrzep stwardniał, około 30 minut.
e) Za pomocą łyżki lub przesuniętej szpatułki rozprowadź słodzony skondensowany grejpfrut na wierzchu skrzepu, uważając, aby nie wymieszać dwóch warstw i upewniając się, że twaróg jest całkowicie pokryty. Wróć do zamrażarki, aż będzie gotowy do pokrojenia i podania.

34. Ciasto żurawinowe

Ilość : 8 porcji

SKŁADNIKI:
- 2 ciasta _
- 1 paczka żelatyna; smak pomarańczowy
- ¾ szklanki Gotująca się woda
- ½ szklanki Sok pomarańczowy
- 1 puszka (8 uncji) galaretowanego sosu żurawinowego
- 1 łyżeczka Tarta skórka pomarańczowa
- 1 filiżanka Zimne Pół na pół lub mleko
- 1 paczka Budyń błyskawiczny Jell-O o smaku francuskiej wanilii lub wanilii
- 1 filiżanka Bita polewa Cool Whip
- Mrożona żurawina

INSTRUKCJE:
a) Rozgrzej piekarnik do 450°F
b) DOPROWADZIĆ żelatynę do wrzenia i rozpuścić ją. Wlać sok pomarańczowy. Umieść miskę w większej misce z lodem i wodą. Pozostawić na 5 minut, regularnie mieszając, aż żelatyna lekko zgęstnieje.
c) Dodać sos żurawinowy i skórkę pomarańczową, wymieszać. Napełnij spód ciasta nadzieniem. Schładzaj przez około 30 minut lub do momentu ustawienia.
d) Do średniej miski do miksowania wlać pół na pół . Wlać mieszankę do nadzienia ciasta. Ubijaj , aż do całkowitego wymieszania.
e) Odstawić na 2 minuty lub do czasu, aż sos nieco zgęstnieje. Na koniec dodać ubitą polewę.
f) Na wierzchu delikatnie rozsmaruj mieszaninę żelatyny. Schładzaj przez 2 godziny lub do momentu, aż będzie sztywne.

35. Ciasto Brzoskwiniowe z Kruszonką

Na 8 porcji
SKŁADNIKI:
- 11/4 szklanki mąki uniwersalnej
- 1/4 łyżeczki soli
- 1/2 łyżeczki cukru
- 1/2 szklanki wegańskiej margaryny, pokrojonej na małe kawałki
- 2 łyżki zimnej wody, plus więcej w razie potrzeby
- dojrzałe brzoskwinie, obrane, wypestkowane i pokrojone w plasterki
- 1 łyżeczka wegańskiej margaryny
- 2 łyżki cukru
- 1/2 łyżeczki mielonego cynamonu

Byczy
- ¾ szklanki tradycyjnych płatków owsianych
- 1/3 szklanki wegańskiej margaryny, miękkiej
- 2 łyżki cukru
- 1 łyżeczka mielonego cynamonu
- 1/4 łyżeczki soli

INSTRUKCJE:

a) Przygotuj ciasto: w dużej misce wymieszaj mąkę, sól i cukier. Za pomocą blendera lub widelca posiekaj margarynę, aż mieszanina będzie przypominała grube okruchy. Dodawaj po trochu wodę i mieszaj, aż ciasto zacznie się kleić.

b) Ciasto spłaszcz na dysk i zawiń w folię spożywczą. Przechowywać w lodówce przez 30 minut podczas przygotowywania nadzienia.

c) Rozgrzej piekarnik do 425°F. Rozwałkuj ciasto na lekko posypanej mąką powierzchni roboczej na średnicę około 10 cali. Włóż ciasto do 9-calowej blachy do ciasta, przytnij i zaciśnij krawędzie. Na cieście ułożyć plasterki brzoskwiń. Posmaruj margaryną, posyp cukrem i cynamonem. Odłożyć na bok.

d) Przygotuj polewę: w średniej misce wymieszaj płatki owsiane, margarynę, cukier, cynamon i sól. Dobrze wymieszaj i posyp wierzch owoców.

e) Piec, aż owoce będą musujące, a skórka złocistobrązowa, około 40 minut. Wyjmij z piekarnika i lekko ostudź, 15 do 20 minut. Podawać na ciepło.

36. Ciasto Truskawkowe Chmura

Na 8 porcji

SKŁADNIKI:
SKORUPA
- 11/4 szklanki mąki uniwersalnej
- 1/4 łyżeczki soli
- 1/2 łyżeczki cukru
- 1/2 szklanki wegańskiej margaryny, pokrojonej na małe kawałki
- 3 łyżki lodowatej wody

POŻYWNY
- 1 (12 uncji) opakowanie twardego jedwabistego tofu, odsączonego i sprasowanego
- ¾ szklanki cukru
- 1 łyżeczka czystego ekstraktu waniliowego
- 2 szklanki pokrojonych w plasterki świeżych truskawek
- 1/2 szklanki konfitury truskawkowej
- 1 łyżka skrobi kukurydzianej rozpuszczona w 2 łyżkach wody

INSTRUKCJE:
a) Przygotuj skórkę: w robocie kuchennym połącz mąkę, sól i cukier i wymieszaj. Dodajemy margarynę i miksujemy do uzyskania kruszonki.
b) Przy pracującym urządzeniu wlać strumieniem wodę i wyrobić miękkie ciasto. Nie przesadzaj z mieszaniem. Ciasto spłaszcz na dysk i zawiń w folię spożywczą.
c) Schłodzić przez 30 minut. Rozgrzej piekarnik do 400°F.
d) Rozwałkuj ciasto na lekko posypanej mąką powierzchni roboczej na średnicę około 10 cali. Włóż ciasto do tortownicy o średnicy 9 cali. Przytnij i złóż krawędzie. Nakłuj dziurki w dnie ciasta widelcem. Piecz przez 10 minut, następnie wyjmij z piekarnika i odłóż na bok. Zmniejsz temperaturę piekarnika do 350°F.
e) Przygotuj nadzienie: W blenderze lub robocie kuchennym połącz tofu, cukier i wanilię i zmiksuj na gładką masę. Wylać na przygotowany spód.

f) Piec przez 30 minut. Wyjąć z piekarnika i odstawić do wystygnięcia na 30 minut.
g) Na wierzchu ciasta ułóż pokrojone w plasterki truskawki, tworząc dekoracyjny wzór tak, aby pokrył całą powierzchnię. Odłożyć na bok.
h) Zmiksuj konfitury w blenderze lub robocie kuchennym i przenieś do małego rondla ustawionego na średnim ogniu. Dodaj mieszaninę skrobi kukurydzianej i kontynuuj mieszanie, aż mieszanina zgęstnieje.
i) Na ciasto wyłóż łyżką polewę truskawkową. Ciasto należy przechowywać w lodówce co najmniej 1 godzinę przed podaniem, aby schłodzić nadzienie i stwardnieć polewą.

37. Ciasto ze świeżymi owocami bez pieczenia

Na 8 porcji

SKŁADNIKI:
- 1 1/2 szklanki wegańskich okruchów ciasteczek owsianych
- 1/4 szklanki wegańskiej margaryny
- 1 funt twardego tofu, dobrze odsączonego i wyciśniętego (patrz Tofu)
- ¾ szklanki cukru
- 1 łyżeczka czystego ekstraktu waniliowego
- 1 dojrzała brzoskwinia, pozbawiona pestek i pokrojona w 1/4-calowe plasterki
- 2 dojrzałe śliwki, wypestkowane i pokrojone w 1/4-calowe plasterki
- 1/4 szklanki konfitury brzoskwiniowej
- 1 łyżeczka świeżego lematu na soku

INSTRUKCJE:
a) Nasmaruj tłuszczem 9-calową blachę do ciasta i odłóż na bok. W robocie kuchennym połącz okruchy z roztopioną margaryną i miksuj, aż okruchy zostaną zwilżone.
b) Wciśnij mieszaninę okruchów do przygotowanej blachy do ciasta. Przechowywać w lodówce do momentu użycia.
c) W robocie kuchennym połącz tofu, cukier i wanilię i miksuj na gładką masę. Rozłóż mieszaninę tofu na schłodzonym cieście i wstaw do lodówki na 1 godzinę.
d) Na wierzchu tofu ułóż dekoracyjnie owoce. Odłożyć na bok.
e) W małej żaroodpornej misce połącz konfitury z sokiem z cytryny i włóż do mikrofalówki, aż się rozpuszczą, około 5 sekund. Mieszamy i polewamy owoce.
f) Przed podaniem ciasto należy przechowywać w lodówce przez co najmniej 1 godzinę, aby schłodzić nadzienie i zastygnąć polewą.

38. Ciasto Bananowo-Mango

Na 6 porcji

SKŁADNIKI:
- 1 1/2 szklanki wegańskich okruszków ciasteczek waniliowych
- 1/4 szklanki wegańskiej margaryny, roztopionej
- 1 szklanka soku z mango
- 1 łyżka płatków agarowych
- 1/4 szklanki nektaru z agawy
- dojrzałe banany, obrane i pokrojone na kawałki
- 1 łyżeczka świeżego soku z cytryny
- 1 świeże, dojrzałe mango, obrane, pozbawione pestek i pokrojone w cienkie plasterki

INSTRUKCJE:

a) Nasmaruj spód i boki 8-calowej blachy do ciasta. Na dnie formy do ciasta umieść okruszki ciasteczek i roztopioną margarynę i mieszaj widelcem, aż okruszki zwilżą się. Wciśnij spód i boki przygotowanej blachy. Przechowywać w lodówce do momentu użycia.

b) Połącz sok i płatki agarowe w małym rondlu. Pozostaw na 10 minut, aby zmiękło. Dodaj nektar z agawy i doprowadzaj mieszaninę do wrzenia. Zmniejsz ogień do wrzenia i mieszaj, aż się rozpuści, około 3 minut.

c) Umieść banany w robocie kuchennym i zmiel je, aż będą gładkie. Dodaj mieszaninę agaru i sok z cytryny i miksuj, aż masa będzie gładka i dobrze wymieszana. Za pomocą gumowej szpatułki zeskrobujemy nadzienie z przygotowanego ciasta. Przechowywać w lodówce przez 2 godziny lub dłużej, aby schłodzić i ustawić.

d) Tuż przed podaniem ułóż plasterki mango w okrąg na wierzchu ciasta.

39. Ciasto z kremem truskawkowym

WYPEŁNIA 1 SZTUKĘ

SKŁADNIKI:
- 1 przepis Podstawowy placek
- 2 przepisy na bitą śmietankę z nerkowców
- 2 szklanki przekrojonych na pół truskawek
- 2 łyżki syropu z agawy

INSTRUKCJE:
a) Rozłóż bitą śmietanę na cieście, w jednej, równej warstwie.
b) Wrzuć połówki truskawek do syropu z agawy, a następnie ułóż truskawki przekrojoną stroną do dołu na kremie.
c) Można przechowywać 2 lub 3 dni w lodówce.

40. Ciasto bezowe z jabłkami

Ilość : 6 porcji

SKŁADNIKI:
- 1 każdy 9- calowa niewypieczona skorupa ciasta
- 2 kubki Tarte jabłko
- ½ szklanki Cukier
- 3 łyżki Masło
- 1 łyżka stołowa Sok cytrynowy
- 3 sztuki Jajka, oddzielone
- ½ łyżeczki Cynamon
- ½ łyżeczki Gałka muszkatołowa
- ¼ szklanki Cukier cukierników
- 1 łyżeczka Wanilia

INSTRUKCJE:
a) Rozłóż jabłka równomiernie na dnie formy. W osobnej misce utrzyj cukier i masło. Wymieszaj z sokiem z cytryny i 3 ubitymi żółtkami.
b) Polej jabłko. Posyp cynamonem i gałką muszkatołową. Piecz w piekarniku nagrzanym na 350 stopni przez 40 do 45 minut. Ubij białka, aż utworzą się szczyty.
c) Stopniowo dodawaj cukier puder i wanilię, ubijaj, aż beza będzie sztywna. Rozsmaruj na wierzchu ciasta. Wróć do piekarnika. Zmniejsz temperaturę do 325 stopni.
d) Piecz jeszcze 5–10 minut, aż beza lekko się zarumieni.

41. Szarlotka z kruszonką Cheddar

Na : 8 porcji

SKŁADNIKI:
- 1 każdy 9- calowa skorupa z niewypieczonego ciasta
- ½ szklanki Niewybielona mąka
- ⅓ szklanki Cukier
- 1 ½ funta Gotowanie jabłek;
- 6 uncji Cheddar, rozdrobniony, 1 1/2 C
- 4 łyżeczki Niewybielona mąka
- ⅓ szklanki Brązowy cukier; Solidnie zapakowane
- ½ łyżeczki Cynamon; Grunt
- ¼ łyżeczki Gałka muszkatołowa; Grunt
- 5 łyżek Masło
- 1 łyżka stołowa Sok cytrynowy; Świeży

INSTRUKCJE:
a) Rdzeń obrać i cienko pokroić
b) Zrób wysoki brzeg wokół ciasta. Wszystkie suche składniki połączyć z polewą i posiekać masło, aż powstanie kruszonka. Odłożyć na bok. Wymieszaj jabłka i sok z cytryny, dodaj ser, mąkę i gałkę muszkatołową, dobrze wymieszaj.
c) Jabłka ułożyć na cieście i posypać polewą. Piec w nagrzanym piekarniku do temperatury 375 stopni F przez 40 do 50 minut. W razie potrzeby podawaj na ciepło z lodami waniliowymi.

PASTY WARZYWNE

42. Rabarbar w makaroniku

Na: 4 porcje

SKŁADNIKI:
- 4 szklanki pokrojonego świeżego lub mrożonego rabarbaru (1-calowe kawałki)
- 1 duże jabłko, obrane i pokrojone w plasterki
- 1/2 szklanki brązowego cukru pudru
- 1/2 łyżeczki mielonego cynamonu, podzielone
- 1 łyżka skrobi kukurydzianej
- 2 łyżki zimnej wody
- 8 makaroników, pokruszonych
- 1 łyżka masła, roztopionego
- 2 łyżki cukru
- Lody waniliowe opcjonalnie

Wskazówki

a) Na dużej żeliwnej lub innej patelni żaroodpornej wymieszaj rabarbar, jabłko, brązowy cukier i 1/4 łyżeczki cynamonu; doprowadzić do wrzenia. Zredukować ciepło; przykryj i gotuj na wolnym ogniu, aż rabarbar będzie bardzo miękki, 10-13 minut.
b) Połącz skrobię kukurydzianą i wodę, aż będzie gładka; stopniowo dodawać do masy owocowej. Doprowadzić do wrzenia; gotować i mieszać, aż zgęstnieje, około 2 minut.
c) W małej misce wymieszaj pokruszone ciasteczka, masło, cukier i pozostały cynamon. Posypać mieszanką owocową.
d) Podpiekaj 4 cale od ognia, aż lekko się zarumieni, 3-5 minut. Jeśli chcesz, podawaj na ciepło z lodami.

43. Ciasto Górnicze

Ilość: 6 ciastek górniczych

SKŁADNIKI:
NA CIASTO:
- 5 szklanek posiekanego selera (półksiężyc)
- 8 szklanek posiekanej marchewki
- 2 szklanki pokrojonej w kostkę cebuli
- 3 łyżki posiekanego świeżego rozmarynu
- 2 łyżki posiekanego czosnku
- 2 łyżki tymianku
- 2 łyżki oregano
- 4 szklanki mocnego piwa
- 3 szklanki bulionu wołowego
- 10 funtów mielonej wołowiny

DO GARNKÓW:
- 1 torebka puree garnkowego
- 1 kostka (½ szklanki) masła
- ¼ szklanki kwaśnej śmietany
- 1 łyżka mielonego chrzanu

INSTRUKCJE:
NA CIASTO:
a) Dno dużego garnka przykryj olejem.
b) Dodać czosnek, cebulę, marchew, seler i przyprawy.
c) Dodaj stout i bulion wołowy. Doprowadzić do wrzenia, zmniejszyć ogień do minimum. Gotuj na wolnym ogniu, aż warzywa lekko zmiękną.
d) Dodać mieloną wołowinę, często mieszając. Pozostawić na wolnym ogniu, aż wołowina będzie dokładnie ugotowana. Doprawić do smaku.

DO GARNKÓW:
a) Rozpuść masło w rondlu. Dodaj ziemniaki.
b) Dodać śmietanę i chrzan.
c) Mieszaj, aż się rozgrzeje i stanie się gęstszy.
d) Nałóż nadzienie do 6 kwadratowych misek.
e) Na wierzchu ułóż puree. Możesz włożyć garnki do rękawa cukierniczego i wycisnąć go na wierzch.

44. ciasto rabarbarowe

Ilość: 7 porcji

SKŁADNIKI:

NADZIENIE PLACKA:
- 8 jabłek Granny Smith, obranych i pokrojonych w plasterki (7 jabłek, jeśli jabłka są bardzo duże)
- 2 łyżki roztopionego masła
- ⅔ szklanki mąki
- 1 szklanka cukru białego
- 1 łyżeczka cynamonu

KRUSZONY BLAT:
- ½ szklanki (1 kostka) roztopionego masła
- 1 szklanka mąki
- 1 szklanka płatków owsianych
- 1 szklanka tłoczonego brązowego cukru
- 1 łyżeczka cynamonu

INSTRUKCJE:
NADZIENIE PLACKA:
a) Spryskaj spód formy do ciasta o głębokości 9 cali sprayem.
b) Blachę wyłóż ciastem. Jeśli robisz kruszonkę, przed nadzieniem posmaruj brzegi ciasta.
c) Przed dodaniem nadzienia do ciasta równomiernie rozprowadź ¼ szklanki mąki na dnie ciasta.
d) Połącz wszystkie **NADZIENIE DO CIASTA SKŁADNIKI:** i wciśnij w spód ciasta. Ciasto będzie dość duże.

KRUSZONY BLAT:
e) Połącz wszystkie składniki, aż dobrze się wymieszają i powstaną kruszonki.

PIECZENIE:
f) Do nadzienia ciasta dodajemy kruszonkę, równomiernie rozprowadzamy. Jeśli używasz wierzchu ciasta, połóż go na całym nadzieniu i dociśnij krawędzie górnego ciasta do dolnego ciasta, karbując krawędzie.
g) W górnej części ciasta wykonaj nacięcia, aby ciasto odparowało. Spryskaj wierzchnią warstwę sprayem do patelni i dobrze posyp 5 łyżkami surowego cukru.
h) Przykryj folią aluminiową i piecz w temperaturze 350 stopni przez 1 godzinę (krócej, jeśli używasz piekarnika konwekcyjnego)
  a) Przed podaniem poczekaj, aż ciasto całkowicie ostygnie.

45. Ciasto ze słodkich ziemniaków

Ilość składników: 2 placki ze słodkich ziemniaków
Całkowity czas przygotowania/gotowania: 1 godzina 5 minut

SKŁADNIKI:
- 2 średniej wielkości słodkie ziemniaki
- 1 ¼ szklanki cukru
- 1 ½ kostki masła
- 4-5 jaj plus 1 jajko
- 1 ½ łyżki ekstraktu waniliowego
- 1 łyżka ekstraktu z cytryny
- 1 łyżeczka gałki muszkatołowej
- 1 łyżeczka cynamonu
- 2 głębokie spody do ciasta

INSTRUKCJE
a) Ubijaj słodkie ziemniaki, cukier, masło i jajka (po 2 jajka na raz) przez 1 minutę.
b) Dodać ekstrakt waniliowy, ekstrakt cytrynowy, gałkę muszkatołową i cynamon.
c) Ubijaj dobrze przez 3-4 minuty
d) Przełóż ciasto do 2 ciastek Deep Dish Pie
e) Mieszanka ziemniaczana powinna wyglądać jak ciasto na ciasto i smakować jak lody.
f) Piec w piekarniku nagrzanym do 350 stopni, od 55 do 60 minut.
g) Cieszyć się!

46. Ciasto dyniowe

Ilość : 8 porcji

SKŁADNIKI:
- 1 puszka (30 uncji) mieszanki ciasta dyniowego
- 2/3 szklanki skondensowanego mleka
- 2 duże jajka, ubite
- 1 niewypieczona skorupa ciasta o średnicy 9 cali

INSTRUKCJE:
a) Rozgrzej piekarnik do 425 stopni Fahrenheita.
b) W dużej misce wymieszaj masę na ciasto dyniowe, skondensowane mleko i jajka.
c) Wlać nadzienie do muszli ciasta.
d) Piec 15 minut w piekarniku.
e) Podnieś temperaturę do 350°F i piecz przez kolejne 50 minut.
f) Delikatnie potrząśnij, aby sprawdzić, czy jest całkowicie upieczony.
g) Studzimy przez 2 godziny na metalowej kratce.

47. Południowy placek ze słodkich ziemniaków

Ilość : 10 porcji

SKŁADNIKI:
- 2 szklanki obranych, ugotowanych słodkich ziemniaków
- ¼ szklanki roztopionego masła
- 2 jajka
- 1 szklanka cukru
- 2 łyżki bourbona
- 1/4 łyżeczki soli
- 1/4 łyżeczki mielonego cynamonu
- 1/4 łyżeczki mielonego imbiru
- 1 szklanka mleka

INSTRUKCJE:
a) Rozgrzej piekarnik do 350 stopni Fahrenheita.
b) Z wyjątkiem mleka, dokładnie wymieszaj wszystkie SKŁADNIKI : w mikserze elektrycznym.
c) Dodaj mleko i kontynuuj mieszanie, gdy wszystko się całkowicie połączy.
d) Wlać nadzienie do formy i piec przez 35–45 minut lub do momentu, aż nóż włożony blisko środka będzie czysty.
e) Wyjąć z lodówki i przed podaniem pozostawić do ostygnięcia do temperatury pokojowej.

48. Włoskie ciasto z karczochami

Ilość: 8 porcji

Składnik

- 3 Jajka; Bity
- 1 Serek śmietankowy w opakowaniu 3 uncje ze szczypiorkiem; Zmiękczony
- ¾ łyżeczki Czosnek w proszku
- ¼ łyżeczki Pieprz
- 1 ½ szklanki ser mozzarella, częściowo odtłuszczone mleko; Rozdrobnione
- 1 filiżanka Ser ricotta
- ½ szklanki majonez
- 1 14 Oz Puszki Serc Karczochów; Osuszony
- ½ 15 Oz Fasola Garbanzo w Puszkach; Wypłukane i osuszone
- 1 2 1/4 uncji puszki pokrojonych oliwek; Osuszony
- 1 2 uncje słoik Pimiento; Pokrojone w kostkę i odsączone
- 2 łyżki stołowe Pietruszka; Obcięty
- 1 Ciasto Ciasto (9 cali); Niepieczone
- 2 małe Pomidor; Pokrojony

INSTRUKCJE:

a) Połącz jajka, serek śmietankowy, proszek czosnkowy i pieprz w dużej misce do mieszania. W misce wymieszaj 1 szklankę sera mozzarella, sera ricotta i majonezu.
b) Mieszaj, aż wszystko będzie dobrze wymieszane.
c) Przetnij 2 serca karczochów na pół i odłóż na bok. Pokrój resztę serc.
d) Wymieszaj mieszaninę serów z posiekanymi sercami, fasolą garbanzo, oliwkami, pimientos i pietruszką. Powstałą mieszanką napełnij korpus ciasta.
e) Piec 30 minut w temperaturze 350 stopni. Wierzch należy posypać resztą sera mozzarella i parmezanem.
f) Piec przez kolejne 15 minut lub do momentu, aż ciasto się zetnie.
g) Pozostawić na 10 minut.
h) Na wierzchu ułóż plasterki pomidora i poćwiartowane serca karczochów.
i) Podawać

Rustykalne ciasto wiejskie

Na 4 do 6 porcji

SKŁADNIKI:
- Ziemniaki Yukon Gold, obrane i pokrojone w kostkę
- 2 łyżki wegańskiej margaryny
- 1/4 szklanki zwykłego niesłodzonego mleka sojowego
- Sól i świeżo zmielony czarny pieprz
- 1 łyżka oliwy z oliwek
- 1 średnia żółta cebula, drobno posiekana
- 1 średnia marchewka, drobno posiekana
- 1 żeberko selera, drobno posiekane
- 12 uncji seita n , drobno posiekanego
- 1 szklanka mrożonego groszku
- 1 szklanka mrożonych ziaren kukurydzy
- 1 łyżeczka suszonego cząbru
- 1/2 łyżeczki suszonego tymianku

Wskazówki

a) W rondlu z wrzącą, osoloną wodą gotuj ziemniaki do miękkości, 15 do 20 minut.
b) Dobrze odcedź i wróć do garnka. Dodać margarynę, mleko sojowe oraz sól i pieprz do smaku.
c) Grubo rozgnieć tłuczkiem do ziemniaków i odłóż na bok. Rozgrzej piekarnik do 350°F.
d) Na dużej patelni rozgrzej olej na średnim ogniu. Dodać cebulę, marchewkę i seler.
e) Przykryj i gotuj do miękkości, około 10 minut. Przenieś warzywa do formy do pieczenia o wymiarach 9 x 13 cali. Wymieszaj seitan, sos grzybowy, groszek, kukurydzę, cząber i tymianek.
f) Dopraw solą i pieprzem do smaku i równomiernie rozprowadź mieszaninę na blasze do pieczenia.
g) Na wierzch połóż puree ziemniaczane, rozprowadź je na brzegach formy do pieczenia. Piec, aż ziemniaki się zarumienią, a nadzienie będzie musujące, około 45 minut.
h) Natychmiast podawaj.

49. Ciasto z kurczakiem, porem i grzybami

Sprawia: 6

SKŁADNIKI:
- 1 porcja ciasta kruchego, schłodzonego
- dodatkowa bezglutenowa mieszanka mąki zwykłej (uniwersalnej) do rozwałkowania ciasta
- 250 g (2 ½ szklanki) kopru włoskiego, posiekanego
- 2 średnie pory, przycięte
- 240 g (2 szklanki) grzybów
- 240 ml (1 szklanka) białego wina
- 240 ml (1 szklanka) mleka
- 120 ml (½ szklanki) świeżego kremu
- 4 łyżki mąki kukurydzianej/skrobi kukurydzianej
- 700 g (1½ funta) piersi z kurczaka
- ½ łyżeczki świeżo zmielonego czarnego pieprzu
- ¼ łyżeczki soli morskiej (koszernej).
- 2 łyżeczki suszonych ziół prowansalskich
- 2 łyżki oliwy z oliwek

INSTRUKCJE:
a) Pory pokroić, opłukać i dokładnie odsączyć. Koper włoski pokrój w kostkę, a grzyby w plasterki.
b) Rozgrzej 1 łyżeczkę oliwy z oliwek na patelni na średnim ogniu i dodaj pory i koper włoski. Gotuj przez 5 minut.
c) Dodać grzyby i dalej smażyć na złoty kolor. Przełóż na talerz/miskę na czas smażenia kurczaka. Kurczaka pokroić na kawałki wielkości kęsa.
d) Rozgrzej pozostałą 1 łyżeczkę oliwy z oliwek na patelni na średnim ogniu i smaż kawałki kurczaka partiami, aż uzyskają złoty kolor.
e) Przenieś ugotowane porcje do tej samej miski, co smażone warzywa. Kiedy cały kurczak będzie już ugotowany, włóż kurczaka/warzywa z powrotem na patelnię i polej białym winem.
f) Doprawić solą, pieprzem i dodać suszone zioła. Doprowadź do wrzenia i gotuj na małym ogniu przez 10 minut.

g) Rozpuść mąkę kukurydzianą/skrobię kukurydzianą w mleku i wymieszaj na patelni. Mieszaj na patelni, aż sos zgęstnieje. Zdjąć z ognia i odłożyć na jedną stronę.
h) Rozgrzej piekarnik do 170°C, 375°F, Gas Mark 5.
i) Weź schłodzone ciasto i rozwałkuj pomiędzy dwoma posypanymi mąką arkuszami papieru do pieczenia, tworząc kształt nieco większy niż forma do ciasta.
j) Wymieszaj Crème Fresh z mieszanką kurczaka i wlej do naczynia na ciasto. Wciąż w natłuszczonym papierze, przewróć ciasto na drugą stronę i usuń arkusz, który jest teraz najwyższy.
k) Użyj pozostałego papieru do pieczenia, aby pomóc w przeniesieniu ciasta na blachę. Przytnij krawędzie i zaciśnij dwoma palcami i kciukiem.
l) Jeśli masz ochotę na sztukę, ponownie rozwałkuj wszystkie dodatki z ciasta i wytnij 4 kształty liści do dekoracji.
m) Posmaruj wierzch ciasta mieszaniną jajek i mleka, którą zachowałeś z ciasta, wytnij mały krzyżyk pośrodku i udekoruj kształtami liści ciasta.
n) Posmaruj je również rozmąconym jajkiem. Ułożyć na blasze do pieczenia i wstawić do piekarnika.
o) Piec przez 45 minut, aż skórka ciasta będzie złotobrązowa, a nadzienie będzie gorące.

50. Ciasto Dyniowe Z Odrobiną Rumu

Na 8 porcji

SKŁADNIKI:
Skorupa
- 11/4 szklanki mąki uniwersalnej
- 1/4 łyżeczki soli
- 1/2 łyżeczki cukru
- 1/2 szklanki wegańskiej margaryny, pokrojonej na małe kawałki
- 3 łyżki wody z lodem, plus więcej w razie potrzeby

Pożywny
- 1 (16 uncji) puszka dyni w stałym opakowaniu
- 1 (12 uncji) opakowanie wyjątkowo twardego jedwabistego tofu, odsączonego i osuszonego
- 1 szklanka cukru
- Gotowa mieszanka zastępująca jaja na 2 jajka (patrz Wypieki wegańskie)
- 1 łyżka ciemnego rumu
- 1 łyżka skrobi kukurydzianej
- 2 łyżeczki mielonego cynamonu
- 1/2 łyżeczki mielonego ziela angielskiego
- 1/2 łyżeczki mielonego imbiru
- 1/2 łyżeczki mielonej gałki muszkatołowej

INSTRUKCJE:
a) W średniej misce wymieszaj mąkę, sól i cukier. Za pomocą blendera lub widelca posiekaj margarynę, aż mieszanina będzie przypominała grube okruchy. Dodawaj po trochu wodę i mieszaj, aż ciasto zacznie się kleić. Ciasto spłaszcz na okrągły dysk i zawiń w folię spożywczą. Przechowywać w lodówce przez 30 minut podczas przygotowywania nadzienia.

b) W robocie kuchennym połącz dynię i tofu, aż dobrze się wymieszają. Dodaj cukier, zamiennik jajka, syrop klonowy, rum, skrobię kukurydzianą, cynamon, ziele angielskie, imbir i gałkę muszkatołową, mieszając, aż masa będzie gładka i dobrze połączona.

c) Rozgrzej piekarnik do 400°F. Rozwałkuj ciasto na lekko posypanej mąką powierzchni roboczej na średnicę około 10 cali. Włóż ciasto do 9-calowej blachy do ciasta, przytnij i złóż krawędzie.
d) Nadzienie wylać na spód. Piec przez 15 minut, następnie zmniejszyć temperaturę piekarnika do 150°F i piec przez kolejne 30 do 45 minut lub do momentu, aż nadzienie się zetnie. Ostudzić do temperatury pokojowej na drucianej kratce, a następnie schłodzić w lodówce przez 4 godziny lub dłużej.

51. Zielony placek pomidorowy

Ilość: 6 porcji

SKŁADNIKI:
Ciasto na podwójny spód
½ szklanki) cukru
2 łyżeczki mąki
1 cytryna; otarta skórka
¼ łyżeczki zmielonego ziela angielskiego
¼ łyżeczki soli
4 szklanki zielonych pomidorów: obierz, pokrój
1 łyżeczka soku z cytryny
3 łyżeczki masła

INSTRUKCJE:
a) Formę do ciasta wyłóż ciastem. Wymieszaj razem cukier, mąkę, skórkę z cytryny, ziele angielskie i sól.
b) Posyp trochę tego na dnie muszli.
c) Ułóż plasterki pomidora, warstwa po warstwie, pokrywając każdą warstwę mieszanką cukru, sokiem z cytryny i kropką masła na każdym plasterku.
d) Kontynuuj układanie warstw, aż dojdziesz do szczytu formy.
e) Przykryć kratką i piec w temperaturze 350°C przez 45 minut.

52. Ciasto ze szparagami

Ilość: 6 porcji

SKŁADNIKI:
- 1 opakowanie (8 uncji) mrożonych szparagów
- 1 szklanka szynki pokrojonej w kostkę; gotowany
- 1 szklanka Pół na pół
- 1 puszka (4 uncje) grzybów; osuszony
- 1 łyżeczka soli
- 3 jajka; lekko pobity
- ⅓ szklanki posiekanej cebuli (opcjonalnie)
- 1 Niepieczone; 9-calowe ciasto

INSTRUKCJE:
a) Ugotuj szparagi i dobrze je odcedź. Połącz pół na pół, cebulę, grzyby i sól w rondlu. Gotować 1 minutę. Do jajek dodać niewielką ilość gorącej mieszanki i dobrze wymieszać. Dodajemy do masy na patelni, mieszamy do połączenia.
b) Na cieście ułożyć odsączone szparagi i szynkę. Wlać gorącą mieszankę.
c) Powierzchnię można lekko posypać pieprzem i gałką muszkatołową. Piec w temperaturze 400 stopni przez 15 minut; zmniejsz temperaturę do 325 stopni i piecz 20-25 minut dłużej lub do momentu, aż ostrze noża włożonego w środek ciasta będzie czyste.

CIASTA ORZECHOWE

53. Ciasto z pikanem

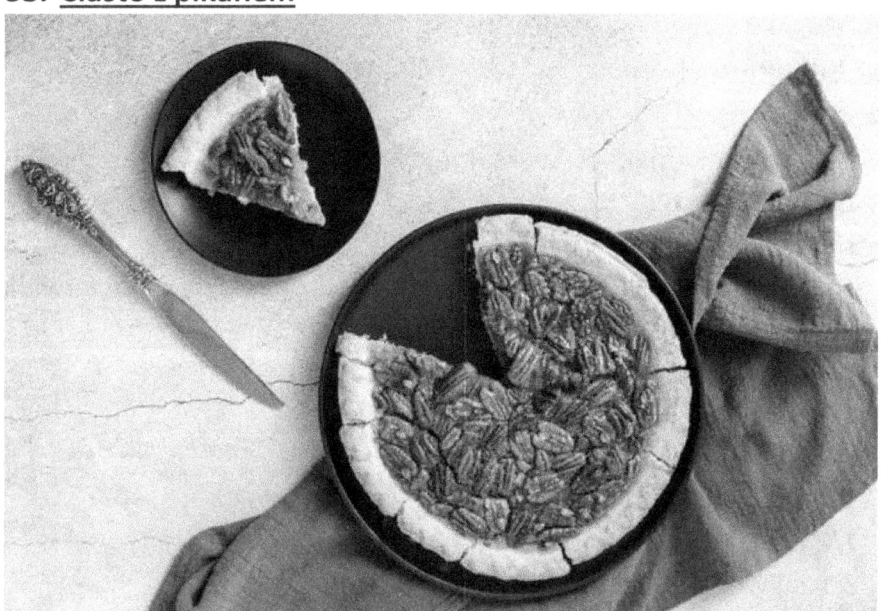

Na 8 porcji

SKŁADNIKI:
Skorupa
- 1 1/4 szklanki mąki uniwersalnej
- 1/4 łyżeczki soli
- 1/2 łyżeczki cukru
- 1/2 szklanki wegańskiej margaryny, pokrojonej na małe kawałki
- łyżki wody z lodem i więcej w razie potrzeby

Pożywny
- 2 łyżki skrobi kukurydzianej
- 1 szklanka wody
- 1 1/4 szklanki czystego syropu klonowego
- 1/2 łyżeczki soli
- 2 łyżki wegańskiej margaryny
- 1 łyżeczka czystego ekstraktu waniliowego
- 2 szklanki niesolonych połówek orzechów pekan, opiekanych

INSTRUKCJE:
a) Przygotuj ciasto: w dużej misce wymieszaj mąkę, sól i cukier. Za pomocą blendera lub widelca posiekaj margarynę, aż mieszanina będzie przypominała grube okruchy. Dodawaj po trochu wodę i mieszaj, aż ciasto zacznie się kleić.
b) Ciasto spłaszcz na dysk i zawiń w folię spożywczą. Przechowywać w lodówce przez 30 minut podczas przygotowywania nadzienia. Rozgrzej piekarnik do 400°F.
c) Przygotuj nadzienie: W małej misce połącz skrobię kukurydzianą z 1/4 szklanki wody i odłóż na bok. W średnim rondlu wymieszaj pozostałe ¾ szklanki wody z syropem klonowym i zagotuj na dużym ogniu. Gotuj przez 5 minut, następnie dodaj sól i mieszaninę skrobi kukurydzianej, energicznie mieszając. Mieszaj i gotuj na dużym ogniu, aż mieszanina zgęstnieje i stanie się klarowna. Zdjąć z ognia i wymieszać z margaryną i wanilią.
d) Rozwałkuj ciasto na lekko posypanej mąką powierzchni roboczej na średnicę około 10 cali. Włóż ciasto do tortownicy o

średnicy 9 cali. Wytnij ciasto i wygładź krawędzie. Nakłuj dziurki w dnie ciasta widelcem. Piec na złoty kolor, około 10 minut, następnie wyjąć z piekarnika i odstawić. Zmniejsz temperaturę piekarnika do 350°F.

e) Gdy margaryna się rozpuści, wylewamy nadzienie na podpieczony spód. Połowę orzechów pekan ułóż w nadzieniu, wciskając je w masę, a pozostałą połowę ułóż na wierzchu ciasta. Piec przez 30 minut. Studzimy na kratce przez około 1 godzinę, następnie wstawiamy do lodówki do wystygnięcia.

54. Ciasto z orzechami laskowymi i białą czekoladą

Na 8 porcji

SKŁADNIKI:
- 1 1/2 szklanki wegańskich pokruszonych ciastek waniliowych lub czekoladowych
- 1 szklanka wegańskich kawałków białej czekolady
- 1/4 szklanki wody
- 2 łyżki Frangelico (likieru z orzechów laskowych)
- 8 uncji wyjątkowo twardego jedwabistego tofu, odsączonego
- 1/4 szklanki nektaru z agawy
- 1 łyżeczka czystego ekstraktu waniliowego
- 1/2 szklanki pokruszonych, prażonych orzechów laskowych, do dekoracji
- 1/2 szklanki świeżych jagód do dekoracji

INSTRUKCJE:
a) Nasmaruj tłuszczem 8-calową blachę do ciasta lub tortownicę i odłóż na bok.
b) W robocie kuchennym połącz okruchy ciasteczek z margaryną i pulsuj, aż okruchy zostaną zwilżone.
c) Wciśnij mieszaninę okruszków na dno i boki przygotowanej formy. Przechowywać w lodówce do momentu użycia.
d) Białą czekoladę rozpuść w podwójnym bojlerze na małym ogniu, ciągle mieszając. Odłożyć na bok.
e) W wysokoobrotowym blenderze zmiel orzechy nerkowca na proszek. Dodaj wodę i Frangelico i mieszaj, aż masa będzie gładka. Dodaj tofu, nektar z agawy i wanilię i mieszaj, aż masa będzie gładka. Dodaj roztopioną białą czekoladę i ubijaj, aż masa stanie się kremowa.
f) Rozłóż mieszaninę na przygotowanej patelni. Przykryj i wstaw do lodówki na 3 godziny, aż dobrze się schłodzi.
g) Do podania udekoruj pokruszonymi orzechami laskowymi i świeżymi jagodami.

55. Bezglutenowe, łatwe ciasto kokosowe

Czas całkowity: 52 minuty
Daje: 6-8

SKŁADNIKI:
- 2 jajka
- 1 1/2 szklanki mleka
- 1/4 szklanki masła
- 1 1/2 łyżeczki ekstrakt waniliowy
- 1 szklanka wiórków kokosowych (użyłam słodzonych)
- 1/2 szklanki mnicha owocowego (lub preferowanego cukru)
- 1/2 szklanki mąki kokosowej

INSTRUKCJE:
a) Posmaruj 6-calowy talerz do ciasta nieprzywierającym sprayem i napełnij go ciastem. Kontynuuj, wykonując te same instrukcje, co powyżej.
b) Gotuj we frytkownicy w temperaturze 350 stopni przez 10 do 12 minut.
c) połowie pieczenia sprawdź, czy ciasto się nie przypala, obróć talerz i sprawdź wykałaczką, czy jest gotowe.

56. B brak orzechowego ciasta owsianego

Na: 1 porcję

SKŁADNIKI:
- 3 Jajka, lekko ubite
- 1 szklanka brązowego cukru, zapakowana
- ½ szklanki ciemnego syropu kukurydzianego
- ½ szklanki skondensowanego mleka
- ½ szklanki szybkich płatków owsianych
- ½ szklanki grubo posiekanych czarnych orzechów włoskich
- ¼ szklanki (4 łyżki) roztopionego masła
- 1 łyżeczka wanilii
- Sól
- Nieupieczone ciasto na ciasto jednowarstwowe

INSTRUKCJE:
a) W dużej misce wymieszaj jajka, cukier, syrop, mleko, płatki owsiane, orzechy, masło, wanilię i ⅛ łyżeczki soli, dobrze wymieszaj.
b) Wyłóż 9-calowy talerz do ciasta ciastem, wykończeniami i rowkowaną krawędzią. Umieścić talerz na ruszcie piekarnika i polać nadzieniem. Zabezpiecz brzegi ciasta folią, aby zapobiec nadmiernemu brązowieniu. Piec w temperaturze 350 F przez 25 minut. Usuń folię.
c) Piec jeszcze około 25 minut lub do momentu, aż wierzch będzie ciemnobrązowy i lekko puszysty.
d) Wypełnienie powinno być lekko miękkie, ale stwardnieje po ostygnięciu.
e) Całkowicie ostudzić.

57. Ciasto z żołędziami

Na: 1 porcję

SKŁADNIKI:
- 3 Białka ubić na sztywną pianę
- 1 łyżeczka proszku do pieczenia
- 1 szklanka cukru
- 1 łyżeczka wanilii
- 20 krakersów sodowych
- (grubo połamany)
- ½ szklanki posiekanych orzechów pekan

INSTRUKCJE:
a) Białka ubić na sztywną pianę; dodać proszek do pieczenia i jeszcze ubijać.
b) Dodaj cukier i wanilię; pokonać ponownie.
c) Dodać krakersy i orzechy pekan. Włóż do wysmarowanej masłem formy i piecz w temperaturze 300 stopni przez 30 minut.
d) Odstaw do ostygnięcia i posyp Cool Whip i posiekanymi orzechami pekan.

58. Ciasto migdałowo-wiśniowe z makaronikiem

Na: 6 porcji

SKŁADNIKI:
- 1 każda skorupa ciasta, 9 cali, niepieczona
- 21 uncji nadzienia do ciasta wiśniowego
- ½ łyżeczki cynamonu
- 1 szklanka kokosa
- ½ szklanki migdałów, pokrojonych w plasterki
- ¼ szklanki) cukru
- ⅛ łyżeczki soli (opcjonalnie)
- ⅛ łyżeczki soli (opcjonalnie)
- 1 łyżeczka soku z cytryny
- ¼ szklanki mleka
- 1 łyżka masła, roztopionego
- ¼ łyżeczki ekstraktu migdałowego
- 1 każde ubite jajko

INSTRUKCJE:
a) Rozgrzej piekarnik do 400F. Rozwałkuj ciasto i włóż do foremki na ciasto o średnicy 9 cali. W dużej misce połącz nadzienie do ciasta, cynamon, sól i sok z cytryny. Lekko wymieszaj. Przełóż łyżką do wyłożonej ciastem formy.
b) Piec 20 minut.
c) W międzyczasie połącz wszystkie składniki polewy w średniej misce i mieszaj, aż się połączą. Po 20 minutach wyjmij ciasto z piekarnika, równomiernie rozsmaruj polewę na powierzchni i włóż ponownie do piekarnika.
d) Piec dodatkowe 15 do 30 minut lub do momentu, aż skórka i polewa będą złocistobrązowe.

59. Ciasto czekoladowe Amaretto

Na: 8 porcji

SKŁADNIKI:
- 3 jajka
- ¾ szklanki syropu, ciemnej kukurydzy
- ½ szklanki) cukru
- ¼ szklanki Amaretto
- 2 łyżki masła; stopiony
- ½ łyżeczki soli
- ½ szklanki kawałków czekolady, półsłodkie
- ½ szklanki migdałów, pokrojonych w plasterki
- 1 ciasto; nieupieczone
- Bita śmietana lub lody

INSTRUKCJE:
a) Nagrzej piekarnik do 350 stopni. W dużej misce ubijaj jajka, aż się połączą. Wymieszaj syrop kukurydziany, cukier, amaretto, masło i sól. Dodaj kawałki czekolady i migdały.
b) Wylać na nieupieczony spód ciasta.
c) Piec 50 do 60 minut, aż nóż włożony pomiędzy środek a brzeg ciasta będzie czysty. Całkowicie ostudzić.
d) Podawać z bitą śmietaną lub lodami.

60. Ciasto S Nickers Bar

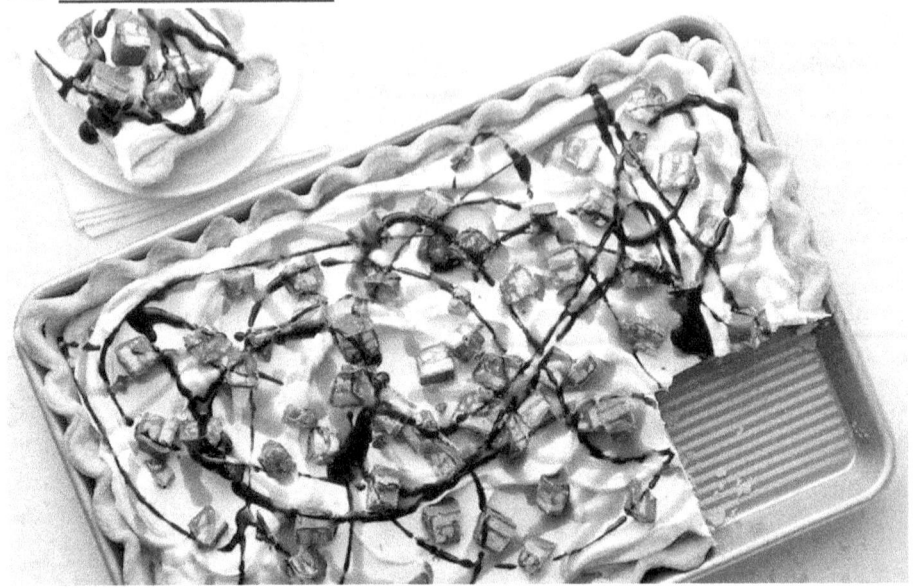

Ilość: 1 porcja

SKŁADNIKI:
- 1 (10-calowa) skorupa ciasta, upieczona
- 4 szklanki mleka
- 1 szklanka Cool Whip
- 2 (3 3/4 uncji) pudełka błyskawicznego budyniu waniliowego
- 3 (3 3/4 uncji) pudełka błyskawicznego budyniu czekoladowego
- 3 batoniki Snickers pokrojone na kawałki o grubości 1/2 cala
- Fajny bicz i orzeszki ziemne do dekoracji

INSTRUKCJE:
a) Połącz 1 ½ szklanki mleka, budyń waniliowy i ½ szklanki Cool Whip.
b) Ubijaj, aż będzie bardzo gładkie. Złożyć kawałki batonika.
c) Rozsmarować w upieczonej skorupce ciasta.
d) Połącz pozostałe mleko, Cool Whip i budyń czekoladowy.
e) Ubijaj, aż będzie gładkie.
f) Rozsmarować na warstwie waniliowej. Garnirunek.
g) Zamrażać.

61. Ciasto kruche z wiśniami i orzechami laskowymi

Ilość: 1 ciasto

SKŁADNIKI:
- ½ paczki (10 uncji) mieszanki na ciasto
- ¼ szklanki sypkiego jasnobrązowego cukru
- ¾ szklanki posiekanych prażonych orzechów laskowych Oregon
- 1 uncja startej półsłodkiej czekolady
- 4 łyżeczki wody
- 1 łyżeczka wanilii
- 8 uncji czerwonych wiśni maraschino
- 2 łyżeczki skrobi kukurydzianej
- ¼ szklanki wody
- 1 szczypta soli
- 1 łyżka Kirschu (opcjonalnie)
- 1 litr lodów waniliowych

INSTRUKCJE:
a) Połącz (pół opakowania) ciasto na spód ciasta z cukrem, orzechami i czekoladą za pomocą blendera cukierniczego. Wymieszaj wodę z wanilią. Posypać mieszaniną okruchów i wymieszać, aż składniki dobrze się połączą.
b) Zamień w dobrze natłuszczoną 9-calową blachę do ciasta; Mocno dociśnij mieszaninę do dołu i boku. Piec w piekarniku 375 stopni przez 15 minut.
c) Ostudzić na stojaku. Przykryj i odstaw na kilka godzin lub na noc. Wiśnie odcedzić, syrop zachować. Posiekaj wiśnie grubo.
d) W rondlu wymieszaj syrop ze skrobią kukurydzianą, ¼ szklanki wody i solą; dodać wiśnie. Gotuj na małym ogniu, aż będzie klarowny. Zdjąć z ognia i dokładnie ostudzić.
e) Dodaj Kirscha i ostudź. Łyżką włóż lody do skorupki ciasta.
f) Polej ciasto wiśniową polewą i natychmiast podawaj.

CIASTA ZIOŁOWE I KWIATOWE

62. Czekoladowo-miętowe ciasto espresso

Na 6 do 8 porcji

SKŁADNIKI:
- 2 szklanki wegańskich ciasteczek czekoladowych lub czekoladowych ciasteczek kanapkowych o smaku mięty
- 1 (12-uncjowe) opakowanie wegańskich półsłodkich chipsów czekoladowych
- 1 opakowanie (12,3 uncji) twardego jedwabistego tofu, odsączonego i pokruszonego
- 2 łyżki czystego syropu klonowego lub nektaru z agawy
- 2 łyżki zwykłego lub waniliowego mleka sojowego
- 2 łyżki crème de menthe
- 2 łyżeczki rozpuszczalnego espresso w proszku

INSTRUKCJE:
a) Rozgrzej piekarnik do 350°F. Lekko naoliwij 8-calową blachę do ciasta i odłóż na bok.
b) Jeśli używasz ciasteczek kanapkowych, ostrożnie je rozłóż, zachowując kremowe nadzienie w osobnej misce. Ciasteczka drobno zmiel w robocie kuchennym. Dodaj wegańską margarynę i pulsuj, aż dobrze się połączy.
c) Wciśnij mieszaninę okruchów na dno przygotowanej formy. Piec przez 5 minut. Jeśli używasz ciasteczek kanapkowych, gdy spód jest jeszcze gorący, rozsmaruj zarezerwowane kremowe nadzienie na wierzchu ciasta. Odstawić do ostygnięcia, na 5 minut.
d) Rozpuść kawałki czekolady w podwójnym bojlerze lub kuchence mikrofalowej. Odłożyć na bok.
e) W blenderze lub robocie kuchennym połącz tofu, syrop klonowy, mleko sojowe, crème de menthe i proszek espresso. Przetwarzaj, aż będzie gładka
f) Wymieszaj roztopioną czekoladę z mieszaniną tofu, aż do całkowitego połączenia. Na przygotowany spód wykładamy farsz. Przed podaniem przechowywać w lodówce przez co najmniej 3 godziny, aby stwardniało.

63. Placki z rozmarynem, kiełbasą i serem

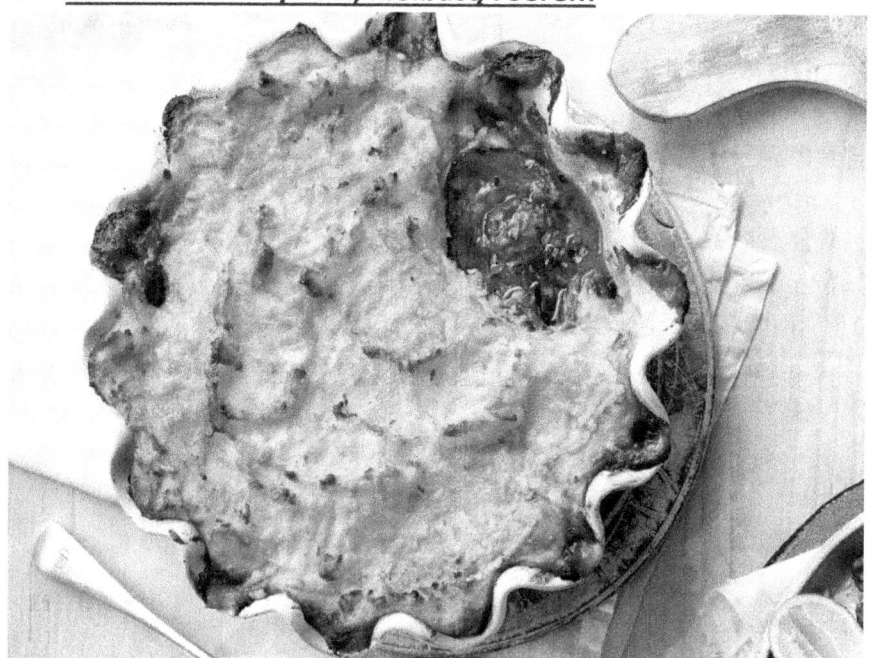

Sprawia: 2

SKŁADNIKI:
- ¾ szklanki startego sera Cheddar
- ¼ szklanki oleju kokosowego
- 5 żółtek
- ½ łyżeczki rozmarynu
- ¼ łyżeczki sody oczyszczonej
- 1 ½ kiełbasy z kurczaka
- ¼ szklanki mąki kokosowej
- 2 łyżki mleka kokosowego
- 2 łyżeczki soku z cytryny
- ¼ łyżeczki pieprzu cayenne
- 1/8 łyżeczki soli koszernej

INSTRUKCJE:
a) Ustaw piekarnik na 350 F.
b) Kiełbasę pokroić, rozgrzać patelnię i usmażyć kiełbasę. Podczas gotowania kiełbasek połącz wszystkie suche składniki w misce. W drugiej misce połącz sok z cytryny, olej i mleko kokosowe. Do suchej mieszanki dodać płyny i dodać ½ szklanki sera; złożyć do połączenia i ułożyć w 2 foremki.
c) Do ciasta dodajemy ugotowane kiełbaski i wciskamy łyżką w masę.
d) Piec przez 25 minut, aż wierzch będzie złocisty. Posyp resztą sera i piecz przez 4 minuty.
e) Podawać na ciepło.

64. Ciasto cytrynowe z bratkami

Na: 8 porcji

SKŁADNIKI:
- Ciasto Ciasto
- 2 jajka
- 3 Żółtka jaj
- ¾ szklanki cukru
- ½ szklanki soku z cytryny
- 1 łyżka startej skórki z cytryny
- 1 szklanka gęstej śmietanki
- 1 opakowanie żelatyny bez smaku
- ¼ szklanki wody
- Krystalizowane bratki

INSTRUKCJE:

a) W rondlu o pojemności 1 litra za pomocą trzepaczki drucianej ubij jajka, żółtka, cukier, sok z cytryny i skórkę.
b) Gotuj na małym ogniu, ciągle mieszając drewnianą łyżką, aż mieszanina zgęstnieje i pokryje łyżkę przez około 10 minut.
c) Odcedź i odłóż na bok.
d) Gdy ciasto ostygnie, rozgrzej piekarnik do 400'F. Pomiędzy 2 arkuszami posypanego mąką woskowanego papieru rozwałkuj ciasto na okrąg o średnicy 11 cali. Usuń górny arkusz papieru i odwróć ciasto na 9-calową blachę do ciasta, pozwalając, aby nadmiar wystawał poza krawędź.
e) Usuń pozostały arkusz woskowanego papieru. Nadmiar ciasta złóż pod spód tak, aby zrównało się z brzegiem talerza.
f) Nakłuj widelcem spód i boki ciasta, aby zapobiec skurczeniu się ciasta. Ciasto wyłóż folią aluminiową i wypełnij surową suszoną fasolą lub ciężarkami do ciasta.
g) Piecz spód ciasta przez 15 minut, zdejmij folię z fasolą i piecz jeszcze 10–12 minut lub do momentu, aż skórka będzie złocista. Całkowicie ostudzić skórkę na metalowej kratce.
h) Gdy ciasto ostygnie, ubijaj śmietanę, aż utworzą się miękkie szczyty i odłóż na bok.

i) W rondelku połącz żelatynę z wodą i podgrzej na małym ogniu, mieszając, aż żelatyna się rozpuści.
j) Wymieszaj mieszaninę żelatyny z schłodzoną mieszaniną cytryny. Włóż bitą śmietanę do mieszanki cytrynowej, aż się połączy. Na spód ciasta nałóż nadzienie cytrynowe i wstaw do lodówki na 2 godziny lub do momentu, aż masa będzie twarda.
k) Przed podaniem, jeśli to konieczne, umieść bratki wokół krawędzi i na środku ciasta.

PASTY Z MIĘSA I KURCZAKA

65. Jajka na śniadanie

Sprawia: 4

SKŁADNIKI:
- 250 g gotowego ciasta francuskiego
- 4 jaja z wolnego wybiegu
- 2 pieczarki pokrojone w plasterki
- 6-8 plasterków wędzonego boczku
- Pomidor Wiśniowy
- Świeży tymianek
- Suszone wędzone płatki chili
- H i pełnoziarnisty ser do wyboru

Wskazówki

a) Najpierw poczekaj, aż piekarnik ostygnie, aż osiągnie temperaturę około 180°C.
b) Ciasto francuskie pokroić na cztery kwadraty i ułożyć na blaszce wyłożonej papierem do pieczenia, przeznaczonej do pieczenia w wysokiej temperaturze.
c) Piec przez 10 minut lub do czasu, aż ciasto spęcznieje i zacznie nabierać złocistobrązowego koloru.
d) Usmaż boczek . Gdy boczek zacznie się smażyć, dodaj grzyby i odrobinę oliwy z oliwek.
e) Po wyjęciu ciast z pieca opalanego drewnem dociśnij środek każdego z nich, aby lekko podnieść boki.
f) Na wierzchu ułóż bekon i grzyby, a następnie obficie posyp serem. Jeśli masz odwagę, dodaj kilka pomidorków koktajlowych po bokach.
g) W piekarniku opalanym drewnem wbij jajko na środek każdego ciasta i piecz przez kolejne 10-15 minut.
h) Gdy jajka będą gotowe, zdejmij je z patelni i ciesz się pysznym śniadaniem!

66. Placki z Serem i Kiełbasą

Sprawia: 2

SKŁADNIKI:
- 1 ½ kawałka kiełbasy z kurczaka
- ½ łyżeczki rozmarynu
- ¼ łyżeczki sody oczyszczonej
- ¼ szklanki mąki kokosowej
- ¼ łyżeczki pieprzu cayenne
- 1/8 łyżeczki soli
- 5 żółtek
- 2 łyżeczki soku z cytryny
- ¼ szklanki oleju kokosowego
- 2 łyżki mleka kokosowego
- ¾ sera Cheddar, startego

INSTRUKCJE:
a) Ustaw piekarnik na 350 F.
b) Kiełbasę pokroić, rozgrzać patelnię i usmażyć kiełbasę. Podczas gotowania kiełbasek połącz wszystkie suche składniki w misce. W drugiej misce wymieszaj żółtka, sok z cytryny, olej i mleko kokosowe. Do suchej mieszanki dodać płyny i dodać ½ szklanki sera; złożyć do połączenia i ułożyć w 2 foremki.
c) Do ciasta dodajemy ugotowane kiełbaski i wciskamy łyżką w masę.
d) Piec przez 25 minut, aż wierzch będzie złocisty. Posyp resztą sera i piecz przez 4 minuty.
e) Podawać na ciepło.

67. Rozmaryn, Paszteciki z Kiełbasą Z Kurczaka

Sprawia: 2

SKŁADNIKI:
- ¾ szklanki startego sera Cheddar
- ¼ szklanki oleju kokosowego
- 5 żółtek
- ½ łyżeczki rozmarynu
- 1/4 łyżeczki sody oczyszczonej
- 1 ½ kiełbasy z kurczaka
- ¼ szklanki mąki kokosowej
- 2 łyżki mleka kokosowego
- 2 łyżeczki soku z cytryny
- 1 łyżeczka pieprzu cayenne
- 1/8 łyżeczki soli koszernej

INSTRUKCJE:
a) Ustaw piekarnik na 350 F.
b) Kiełbasę pokroić, rozgrzać patelnię i usmażyć kiełbasę. Podczas gotowania kiełbasek połącz wszystkie suche składniki w misce. W drugiej misce połącz sok z cytryny, olej i mleko kokosowe. Do suchej mieszanki dodać płyny i dodać ½ szklanki sera; złożyć do połączenia i ułożyć w 2 foremki.
c) Do ciasta dodajemy ugotowane kiełbaski i wciskamy łyżką w masę.
d) Piec przez 25 minut, aż wierzch będzie złocisty. Posyp resztą sera i piecz przez 4 minuty.
e) Podawać na ciepło.

68. Ciasto z Kurczakiem

Sprawia: 5

SKŁADNIKI:
- ½ funta udek z kurczaka bez kości, pokrojonych na małe kawałki
- 3,5 uncji boczku, posiekanego
- 1 marchewka, posiekana
- ¼ szklanki posiekanej natki pietruszki
- 1 szklanka gęstej śmietanki
- 2 pory cebuli, posiekane
- 1 szklanka białego wina
- 1 łyżka oliwy z oliwek
- Sól i pieprz do smaku

DO SKORUPY
- 1 szklanka posiłku migdałowego
- 2 łyżki wody
- 1 łyżka stewii
- 1 ½ łyżki masła
- ½ łyżeczki soli

INSTRUKCJE:
a) Najpierw przygotuj spód, łącząc wszystkie składniki . Odłożyć na bok.
b) Rozgrzej oliwę z oliwek na patelni na średnim ogniu. Wrzucamy posiekany por i mieszamy. Przełożyć na talerz.
c) Wrzuć mięso z kurczaka i boczek i smaż, aż się zrumienią, i dodaj pory.
d) Dodaj marchewki i zalej białym winem, a następnie zmniejsz ogień do średniego.
e) Dodać natkę pietruszki i zalać gęstą śmietaną, dobrze wymieszać. Przełożyć do naczynia do pieczenia.
f) Przykryj przygotowaną skorupą i włóż do piekarnika, aż skórka stanie się złotobrązowa i chrupiąca.
g) Przed podaniem odczekaj 20 minut.

69. Ciasto z łosiem

Na: 1 porcję

SKŁADNIKI:
- 1 ½ funta stek z łosia, pokrojony w kostkę 1/2 szkl. mąka
- 1 średnia cebula, posiekana
- 1 Ząbek posiekanego czosnku
- 3 łyżki oleju
- 2 szklanki wody
- 2 łyżki sosu Worcestershire
- 1 łyżeczka Majeranek
- 1 łyżeczka tymianku
- 1 łyżeczka nasion selera
- 1 łyżeczka soli
- ½ łyżeczki pieprzu
- 1 liść laurowy
- Pokrojone w kostkę ziemniaki i marchewka
- Mrożony groszek lub fasolka szparagowa
- Skórka z ciasta

INSTRUKCJE:
a) Wstrząsaj pokrojony w kostkę stek w plastikowej torbie z mąką, po kilka kostek na raz.
b) Podsmaż łosia, cebulę i czosnek na rozgrzanym oleju, aż łoś stanie się brązowy. Dodać wodę, zioła, sos Worcestershire, sól i pieprz.
c) Doprowadzić do wrzenia, zmniejszyć ogień, gotować 1,5 godziny. Dodać ziemniaki i marchewkę, gotować około 30 do 45 minut dłużej. Dodaj groszek. Wlać do tortownicy. Przykrywamy ciastem, brzegiem falistym, nacinamy u góry.
d) Piec 15 do 20 minut lub do momentu, aż skórka ładnie się zarumieni.

CIASTA ZBOŻOWE I MAKARONOWE

70. Niezbyt banalne ciasto tamale

Robi: 8

SKŁADNIKI:
- 2 łyżeczki oleju roślinnego lub w razie potrzeby
- 1 mała cebula, posiekana
- 1 ½ funta mielonej wołowiny
- 1 (15 uncji) puszka fasoli pinto, przepłukana i odsączona
- 1 (15 uncji) puszka czarnej fasoli, przepłukana i odsączona
- ½ szklanki posiekanej mieszanki serów meksykańskich
- 1 (14 uncji) puszka pokrojonych w kostkę pomidorów z zieloną papryczką chili
- 2 (8,5 uncji) opakowania mieszanki chleba kukurydzianego
- ⅔ szklanki mleka
- 2 duże jajka

Wskazówki
a) Rozgrzej piekarnik do 400 stopni F (200 stopni C).
b) Rozgrzej olej na żeliwnej patelni na średnim ogniu; podsmaż cebulę, aż się lekko zrumieni, od 5 do 10 minut. Dodaj mieloną wołowinę; smaż i mieszaj, aż wołowina się zrumieni kruche, od 5 do 10 minut. Wymieszaj fasolę pinto i czarną fasolę z mieszanką wołową.
c) Posyp mieszanką sera meksykańskiego mieszaninę wołowiny i fasoli; zamieszać. Wymieszać z pokrojonymi w kostkę pomidorami zieloną papryczkę chili do mieszanki wołowiny i fasoli.
d) Wymieszaj mieszankę chleba kukurydzianego, mleko i jajka w misce, aż ciasto będzie gładkie. Rozpowszechnianie się ciasto na mieszankę wołowiny i fasoli.
e) Piec w nagrzanym piekarniku, aż wykałaczka zostanie wbita w środek chleba kukurydzianego wychodzi czysty, 15 do 20 minut.

71. Paghetti z klopsikami

Daje: 4-6

SKŁADNIKI:
- 1 - 26 uncji worek klopsików wołowych
- 1/4 szklanki posiekanej zielonej papryki
- 1/2 szklanki posiekanej cebuli
- 1 - 8 uncji opakowanie spaghetti
- 2 jajka, lekko ubite
- 1/2 szklanki startego parmezanu
- 1-1/4 szklanki startego sera mozzarella
- 26 uncji słoik gęstego sosu do spaghetti

INSTRUKCJE:
a) Rozgrzej piekarnik do 375 stopni F. Smaż paprykę i cebulę, aż zmiękną, około 10 minut. Odłożyć na bok.
b) Ugotuj spaghetti, odcedź, przelej zimną wodą i osusz. Umieścić w dużej misce miksującej.
c) Dodać jajka i parmezan i wymieszać do połączenia. Wciśnij mieszaninę na dno spryskanej 9-calowej blachy do ciasta. Na wierzch połóż 3/4 szklanki startego sera mozzarella. Rozmrażaj zamrożone klopsiki w kuchence mikrofalowej przez 2 minuty.
d) Każdy klopsik przekrój na pół. Ułóż połówki klopsików na mieszance serowej. Połączyć sos spaghetti z ugotowaną papryką i cebulą.
e) Nałóż łyżką warstwę klopsików. Luźno przykryć folią i piec 20 minut.
f) Wyjmij z piekarnika i posyp 1/2 szklanki sera mozzarella mieszanką sosu spaghetti.
g) Kontynuuj pieczenie bez przykrycia przez kolejne 10 minut, aż masa się zarumieni. Pokrój w kliny i podawaj.

72. Ciasto Makaronowe Ze Szpinakiem Sezamowym

Na 4 porcje

- ¾ szklanki tahini (pasty sezamowej)
- 3 ząbki czosnku, grubo posiekane
- 3 łyżki łagodnej białej pasty miso
- 3 łyżki świeżego soku z cytryny
- 1/4 łyżeczki mielonego cayenne
- 1 szklanka wody
- 8 uncji linguine, podzielonych na trzy części
- 9 uncji świeżego szpinaku dziecięcego
- 1 łyżka oleju z prażonego sezamu
- 2 łyżki nasion sezamu

INSTRUKCJE:

a) Rozgrzej piekarnik do 350°F. W robocie kuchennym połącz tahini, czosnek, miso, sok z cytryny, cayenne i wodę i zmiksuj na gładką masę. Odłożyć na bok.
b) Ugotuj linguine w dużym rondlu z wrzącą, osoloną wodą, od czasu do czasu mieszając, aż będzie al dente, około 10 minut. Dodaj szpinak, mieszając, aż zwiędnie, około 1 minuty.
c) Dobrze odcedź, a następnie wróć do garnka. Dodaj olej i sos tahini i dobrze wymieszaj.
d) Przenieś mieszaninę na 9-calową głęboką blachę do ciasta lub okrągłą formę do pieczenia. Posyp nasionami sezamu i piecz, aż będą gorące, około 20 minut. Natychmiast podawaj.

73. Mam włoskie ciasto spaghetti

Na: 4 porcje

SKŁADNIKI:
- 6 uncji spaghetti
- 2 łyżki masła lub margaryny
- ⅓ szklanki tartego parmezanu
- 2 Dobrze ubite jajka
- 1 szklanka twarogu
- 1 funt kiełbasy mielonej wołowej lub wieprzowej luzem
- ½ szklanki posiekanej cebuli
- ¼ szklanki posiekanej zielonej papryki
- 1 (8 uncji) puszka pomidorów, zmiażdżonych
- 1 (6 uncji) puszka koncentratu pomidorowego
- 1 łyżeczka cukru
- 1 łyżeczka suszonego oregano, rozgniecionego
- ½ łyżeczki soli czosnkowej
- ½ szklanki startego sera mozzarella

INSTRUKCJE:
a) Ugotuj spaghetti i odcedź - dodaj masło lub margarynę do gorącego spaghetti. Wymieszać z parmezanem i jajkami. Uformuj mieszaninę spaghetti w skórkę na wysmarowanej masłem 10-calowej blaszce do ciasta.
b) Na spód spaghetti rozsmaruj serek wiejski. Na patelni podsmaż mieloną wołowinę, cebulę i zielony pieprz, aż warzywa będą miękkie, a mięso brązowe.
c) Odsączyć nadmiar tłuszczu. Wymieszaj nieodsączone pomidory, koncentrat pomidorowy, cukier, oregano i sól. Dokładnie podgrzej. Zamień mieszaninę mięsną w skórkę.
d) Piec bez przykrycia w piekarniku nagrzanym na 350 stopni przez 20 minut. Posypać serem mozzarella. Piec 5 minut lub do momentu roztopienia się sera.

74. Ciasto kukurydziane

Ilość: 8 porcji

SKŁADNIKI:
- ½ szklanki margaryny lub innego tłuszczu
- 1 łyżeczka wanilii
- 1 szklanka mleka lub substytutu mleka
- 3 jajka lub 1 całe jajko i 3 białka
- 1 szklanka mąki
- 1 łyżeczka proszku do pieczenia
- 1 szczypta soli (opcjonalnie)
- 2 puszki (16 uncji) kremu kukurydzianego

INSTRUKCJE:
a) Dodaj wszystkie składniki oprócz kukurydzy i dobrze wymieszaj.
b) Dodać kukurydzę, wymieszać.
c) Piec w temperaturze 350 stopni do twardości, około godziny.

pikantne placki

75. Staroświeckie ciasto karmelowe

Na: ciasto o średnicy 1–9 cali

SKŁADNIKI:
- 1 (9-calowa) skorupa ciasta, pieczona
- 1 szklanka cukru białego
- ⅓ szklanki mąki uniwersalnej
- ⅛ łyżeczki soli
- 2 szklanki mleka
- 4 duże żółtka, ubite żółtka
- 1 szklanka cukru białego

Wskazówki
a) W średnim rondlu wymieszaj 1 szklankę cukru, mąkę, sól, mleko i żółtka, mieszając, aż masa będzie gładka. Gotuj na średnim ogniu, aż zgęstnieje i zacznie bulgotać, ciągle mieszając. Zdejmij z ognia i odłóż na bok.
b) Posyp pozostałą 1 szklanką cukru na 10-calowej żeliwnej patelni. Gotuj na średnim ogniu, ciągle mieszając, aż cukier się skarmelizuje.
c) Zdjąć z ognia i ostrożnie wlać do ciepłej śmietanowej masy. Mieszaj, aż będzie gładkie. Wlać mieszaninę do ciasta. Całkowicie ostudź i podawaj z bitą śmietaną

76. Szarlotka Cynamonowo-Cukrowa

Robi: 10

SKŁADNIKI:
- 2-1/2 szklanki mąki uniwersalnej
- 1/2 łyżeczki soli
- 1-1/4 szklanki zimnego smalcu
- 6 do 8 łyżek zimnego 2% mleka

POŻYWNY:
- 2-1/2 szklanki cukru
- 1 łyżeczka mielonego cynamonu
- 1/2 łyżeczki mielonego imbiru
- 9 szklanek cienko pokrojonych, obranych kwaśnych jabłek (około 9 średnich)
- 1 łyżka bourbona, opcjonalnie
- 2 łyżki mąki uniwersalnej
- Posyp solą
- 3 łyżki zimnego masła, pokrojonego w kostkę
- 1 łyżka 2% mleka
- 2 łyżeczki grubego cukru

Wskazówki

a) W dużej misce wymieszaj mąkę i sól; pokroić w smalec, aż będzie kruchy. Stopniowo dodawaj mleko, mieszaj widelcem, aż ciasto będzie się trzymać razem po zgnieceniu. Ciasto podzielić na pół. Z każdego uformuj dysk; owinąć plastikiem. Przechowywać w lodówce 1 godzinę lub przez noc.

b) Do nadzienia w dużej misce wymieszaj cukier, cynamon i imbir. Dodać jabłka i wymieszać. Okładka; odstawić na 1 godzinę, aby jabłka puściły sok, od czasu do czasu mieszając.

c) Odcedzić jabłka, zachowując syrop. W małym rondlu umieść syrop i, jeśli chcesz, bourbon; doprowadzić do wrzenia. Zredukować ciepło; gotować na wolnym ogniu bez przykrycia przez 20–25 minut lub do momentu, aż mieszanina lekko zgęstnieje i zmieni kolor na średnio bursztynowy. Zdjąć z ognia; całkowicie ostygnąć.

d) Rozgrzej piekarnik do 400°. Odsączone jabłka oprószyć mąką i solą. Na lekko posypanej mąką powierzchni rozwałkuj połowę ciasta na okrąg o grubości 1/8 cala; przenieść do 10-calowego. żeliwna lub inna głęboka patelnia żaroodporna. Przytnij ciasto nawet z brzegiem. Dodaj mieszaninę jabłek. Wlać schłodzony syrop na wierzch; kropka z masłem.

e) Rozwałkuj pozostałe ciasto na okrąg o grubości 1/8 cala. Połóż na nadzieniu. Przytnij, uszczelnij i krawędź fletu. Wytnij rozcięcia u góry. Posmaruj ciasto mlekiem; posypać grubym cukrem. Ułożyć na wyłożonej folią blasze do pieczenia. Piec 20 minut.

f) Zmniejsz temperaturę piekarnika do 350°. Piec 45-55 minut dłużej lub do momentu, aż skórka będzie złotobrązowa, a nadzienie musujące. Studzimy na drucianej kratce.

77. Szarlotka na brudnej patelni i solonym karmelu

Ilość: 7 porcji

SKŁADNIKI:
CIASTO (NA 2 KRUSZTY):
- 2 ½ szklanki mąki uniwersalnej
- 1 łyżeczka soli koszernej
- 1 łyżka cukru granulowanego
- ½ funta zimnego, niesolonego masła
- 1 szklanka zimnej wody
- ¼ szklanki octu jabłkowego

KARMEL (wystarcza na 2 placki):
- 1 szklanka granulowanego cukru
- ¼ szklanki niesolonego masła
- ½ szklanki gęstej śmietany do ubijania
- ½ łyżeczki soli morskiej

NADZIENIE JABŁECZKOWE (NA 1 SZTUKĘ):
- 3 funty jabłek Granny Smith
- 1 łyżka cukru granulowanego
- Sok z cytryny według potrzeby (około ¼ szklanki)
- 2-3 krople Angostura Bitters
- ⅓ szklanki cukru surowego
- ¼ łyżeczki mielonego cynamonu
- ¼ łyżeczki mielonego ziela angielskiego
- Szczypta świeżo startej gałki muszkatołowej
- ¼ łyżeczki soli koszernej
- 2 łyżki mąki uniwersalnej
- 2 łyżki skrobi kukurydzianej
- 1 jajko (do posmarowania jajka)
- Cukier surowy do wykończenia

INSTRUKCJE:
NA CIASTO:
a) W misce wymieszaj mąkę, sól i cukier.
b) Za pomocą tarki do sera zetrzyj zimne masło z mieszanką mąki.
c) Oddzielnie wymieszaj wodę i ocet w małej misce. Zachowaj zimno.
d) Używając rąk do mieszania, powoli dodawaj 2 łyżki stołowe mieszanki wody i octu do mieszanki mąki, aż się połączą. Niektóre
e) mogą pozostać suche kawałki; to jest w porządku.
f) Ciasto podzielić na 2 części i każdą część zawinąć osobno w folię spożywczą. Wstawić do lodówki do schłodzenia na co najmniej godzinę lub na noc.
g) Rozwałkuj osobno jedną część schłodzonego ciasta na ciasto (każda część to jeden spód) na lekko posypanej mąką powierzchni.
h) Umieść zwinięty spód w natłuszczonej formie do ciasta o średnicy 9 cali.

NA KARMEL:
i) W rondelku rozpuścić cukier na małym ogniu. NIE pozwól, aby się spalił.
j) Gdy cukier się rozpuści, zdejmij z ognia. Ubić na maśle.
k) Wymieszaj ciężką śmietankę i sól morską.
l) Zostaw do schłodzenia.

NA NADZIENIE JABŁKOWNIKÓW:
m) Obierz jabłka, wydrąż gniazda nasienne i posiekaj. Umieścić w 8-litrowym pojemniku. Skrop każdy kawałek sokiem z cytryny i 1 łyżką granulowanego cukru.
n) Posyp jabłka Bittersem, cukrem w stanie surowym, mielonym cynamonem, zielem angielskim, gałką muszkatołową, solą koszerną, mąką uniwersalną i skrobią kukurydzianą.
o) Dobrze wymieszaj.
p) Ciasno ułóż jabłka w przygotowanej skorupce ciasta, lekko ugniatając jabłka w środku.
q) Wlać równomiernie ¾ szklanki schłodzonego sosu karmelowego na jabłka.

r) Rozwałkuj pozostałe ciasto na spód ciasta jako górną warstwę ciasta; w razie potrzeby utwórz siatkę. Zlep razem brzegi obu ciast.
s) Przed pieczeniem ciasto należy schłodzić 10-15 minut.
t) Piec przez 20 minut w temperaturze 400 stopni; piec kolejne 30 minut w temperaturze 375 stopni. Pamiętaj, aby obrócić ciasto, jeśli podczas pieczenia przyciemni się z jednej strony.
u) Przed podaniem pozostaw do ostygnięcia na 2-3 godziny. Pokrój na 7 plasterków.

78. Paszteciki z ajerkoniakiem

Ilość: 6 porcji

SKŁADNIKI:
- 1 opakowanie żelatyny o smaku cytrynowym
- 1 szklanka gorącej wody
- 1-litrowe lody waniliowe
- ¼ łyżeczki gałki muszkatołowej
- ¾ łyżeczki aromatu rumowego
- 2 Dobrze ubite żółtka
- 2 Białka ubite na sztywną pianę
- 4 do 6 upieczonych muszli do tarty
- Dekoracje cukierkowe z bitą śmietaną

INSTRUKCJE:
a) Rozpuść żelatynę w gorącej wodzie.
b) Lody pokroić na 6 kawałków, dodać do żelatyny i mieszać aż się rozpuści. Schładzaj, aż częściowo stwardnieje.
c) Dodaj gałkę muszkatołową i aromat.
d) Wmieszaj żółtka, dodaj białka.
e) Przelać do wystudzonych muszelek na tarty, schłodzić aż stwardnieją.
f) Całość posmaruj bitą śmietaną i posyp cukierkowymi dekoracjami.

79. Ciasto Tiramisu z Przyprawą Dyniową

Sprawia: Jedno 9-calowe ciasto

SKŁADNIKI:
- 1 ½ szklanki gęstej śmietanki
- 2 duże jajka, oddzielone
- ⅓ szklanki plus 1 łyżka cukru
- 1 szklanka mascarpone w temperaturze pokojowej
- ½ szklanki puree z dyni z puszki
- 1 ½ łyżeczki przyprawy do ciasta dyniowego
- 1 ½ filiżanki zaparzonego espresso o temperaturze pokojowej
- Paczka biszkoptów o wadze 5,3 uncji
- Gorzka lub półsłodka czekolada do golenia

INSTRUKCJE:
a) W misie miksera wyposażonego w końcówkę do ubijania ubijaj śmietanę na średnio-wysokiej prędkości, aż powstanie sztywna piana; przełożyć do małej miski i przechowywać w lodówce.
b) W oczyszczonej misie miksera wyposażonego w wyczyszczoną końcówkę do ubijania, ubijaj białka z dużą prędkością, aż utworzą się miękkie szczyty. Dodaj 1 łyżkę cukru i ubijaj, aż utworzą się sztywne szczyty; przełożyć do małej miski.
c) W wyczyszczonej misie miksera wyposażonego w wyczyszczoną końcówkę do ubijania ubić żółtka z pozostałą ⅓ szklanki cukru na dużej prędkości, aż masa zgęstnieje i stanie się bladożółta. Delikatnie wymieszaj mascarpone, puree z dyni, przyprawę do ciasta dyniowego i jedną trzecią bitej śmietany z masą z żółtek. Delikatnie wymieszaj z ubitymi białkami i wstaw do lodówki.
d) Umieść espresso na płytkim talerzu. Zanurz obie strony biszkoptów w espresso i ułóż je w 9-calowej formie do ciasta, tak aby całkowicie wyściełały dno. Na wierzch połóż połowę mieszanki dyni, więcej biszkoptów zanurzonych w espresso i pozostałą mieszankę dyni. Wierzch ciasta posypać pozostałą bitą śmietaną i wiórkami czekoladowymi. Przechowywać w lodówce przez 8 godzin lub maksymalnie przez całą noc, aż będzie gotowy do podania.

80. Ciasto cynamonowe

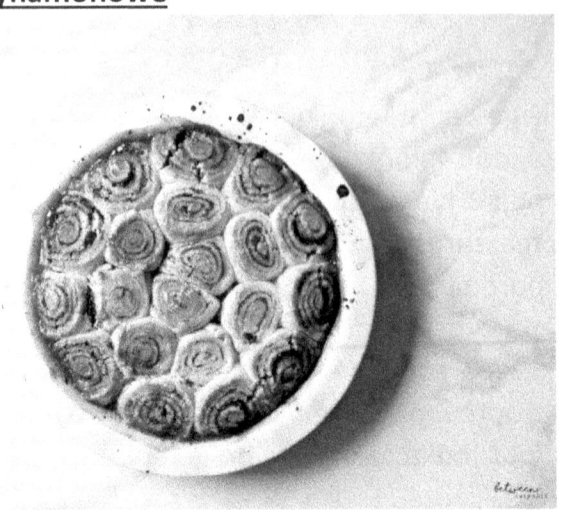

TWORZY 1 (10-CALOWY) KROK; PORCJA 8 DO 10

SKŁADNIKI:
- ½ porcji Mother Dough, wyrośnięte
- 30 g mąki do podsypania [3 łyżki]
- 80 g brązowego masła [¼ szklanki]
- 1 porcja płynnego sernika
- 60 g jasnego brązowego cukru [¼ szklanki ciasno zapakowanej]
- 1 g soli koszernej [¼ łyżeczki]
- 2 g mielonego cynamonu [1 łyżeczka]
- 1 porcja Streusel Cynamonowa

Wskazówki

a) Rozgrzej piekarnik do 350°F.
b) Ugniataj i spłaszczaj wyrośnięte ciasto.
c) Weź szczyptę mąki i rozsyp ją po powierzchni gładkiego, suchego blatu, tak jakbyś skakał po wodzie, aby lekko pokryć blat. Weź kolejną szczyptę mąki i delikatnie posyp wałek do ciasta. Za pomocą wałka spłaszcz wytłoczony okrąg ciasta, a następnie rozwałkuj ciasto wałkiem lub rozciągnij ciasto ręcznie, jakbyś robił pizzę od podstaw. Twoim ostatecznym celem jest utworzenie dużego koła o średnicy około 11 cali. Trzymaj w pobliżu 10-calową formę do ciasta w celach informacyjnych. Okrąg ciasta o średnicy 11 cali powinien mieć grubość od ¼ do ½ cala.
d) Delikatnie włóż ciasto do formy. Na zmianę mocno dociśnij ciasto palcami i dłońmi. Połóż formę z ciastem na blasze do pieczenia.
e) Tylną częścią łyżki rozsmaruj połowę brązowego masła równą warstwą na cieście.
f) Użyj grzbietu innej łyżki (nie chcesz, aby brązowe masło znajdowało się w warstwie kremowego białego sernika!), aby rozprowadzić połowę płynnego sernika równą warstwą na brązowym maśle. Pozostałą część brązowego masła rozsmaruj równą warstwą na płynnym serniku.

g) Na wierzchu brązowego masła rozsyp brązowy cukier. Ubij go grzbietem dłoni, aby utrzymać go na miejscu. Następnie posyp równomiernie solą i cynamonem.
h) Teraz najtrudniejsza warstwa: pozostały płynny sernik. Zachowaj spokój i rozprowadź go tak delikatnie, jak to możliwe, aby uzyskać możliwie najbardziej równą warstwę.
i) Posyp równomiernie Streusel wierzchu warstwy sernika. Użyj grzbietu dłoni, aby zabezpieczyć Streusel.
j) Piecz ciasto przez 40 minut. Skórka będzie pęcznieć i brązowieć, płynny sernik stwardnieje, a polewa Streusel będzie chrupiąca i brązowiona. Po 40 minutach delikatnie potrząśnij patelnią. Środek ciasta powinien lekko drgać. Nadzienie powinno być ustawione w kierunku zewnętrznych krawędzi formy. Jeśli część nadzienia wyleje się na blachę poniżej, nie martw się – potraktuj to jako przekąskę na później. W razie potrzeby piecz przez kolejne 5 minut, aż ciasto będzie zgodne z opisem powyżej.
k) Ochłodzić ciasto na metalowej kratce. Aby przechowywać, całkowicie ostudź ciasto i dobrze zawiń w folię. W lodówce ciasto zachowa świeżość przez 3 dni (skórka szybko czerstwieje); w zamrażarce, wytrzyma 1 miesiąc.
l) Kiedy już będziesz gotowy podać ciasto, wiedz, że najlepiej smakuje na ciepło! Pokrój każdy kawałek i wstaw do mikrofalówki na 30 sekund lub podgrzej całe ciasto w piekarniku nagrzanym na 250°F przez 10 do 20 minut, następnie pokrój i podawaj.

81. Lody owsiane cynamonowe

Daje około 1 kwarty

SKŁADNIKI:
- Pusta baza do lodów
- 1 szklanka płatków owsianych
- 1 łyżka mielonego cynamonu

INSTRUKCJE:
a) Przygotuj pustą podstawę zgodnie z instrukcją.
b) Na małej patelni ustawionej na średnim ogniu połącz płatki owsiane i cynamon. Smażyć, regularnie mieszając, przez 10 minut lub do momentu, aż będzie rumiane i aromatyczne.
c) Aby zaparzyć, dodaj prażony cynamon i płatki owsiane do podstawy po wyjęciu z pieca i pozostaw do zaparzenia na około 30 minut. Korzystanie z sitka ustawionego nad miską; odcedź substancję stałą, dociskając, aby uzyskać jak najwięcej aromatycznej śmietanki. Może wypłynąć trochę miąższu owsianego, ale nie ma w tym nic złego – jest pyszne! Zarezerwuj płatki owsiane na potrzeby przepisu na płatki owsiane!
d) Stracisz trochę mieszanki na wchłanianie, więc marka tych lodów będzie nieco mniejsza niż zwykle.

e) Przechowuj mieszankę w lodówce przez noc. Gdy będziesz już gotowy do przygotowania lodów, ponownie zmiksuj je blenderem zanurzeniowym, aż uzyskasz gładką i kremową konsystencję.
f) Przelać do maszyny do lodów i zamrozić zgodnie z instrukcją producenta. Przechowywać w szczelnym pojemniku i zamrażać przez noc.

82. Ciasto kokosowe Amaretto

Na: ciasto o średnicy 1–9 cali

SKŁADNIKI:
- ¼ szklanki masła; lub margaryna, miękka
- 1 szklanka cukru
- 2 duże jajka
- ¾ szklanki mleka
- ¼ szklanki Amaretto
- ¼ szklanki mąki samorosnącej
- ⅔ szklanki płatków kokosowych

INSTRUKCJE:
a) Masło i cukier utrzeć na ok. obrotach miksera elektrycznego, aż masa będzie jasna i puszysta. Dodaj jajka; dobrze pokonać.
b) Dodać mleko, amaretto i mąkę, dobrze ubić.
c) Wymieszać z kokosem. Wlać mieszaninę do lekko natłuszczonej formy do pieczenia o średnicy 9 cali.
d) Piec w temperaturze 350~ przez 35 minut. lub do momentu ustawienia. Całkowicie ostudzić na metalowej kratce.

83. Ciasto z kremem amiszów

Na : 1 porcję

SKŁADNIKI:
- ⅓ szklanki Cukier
- 2 łyżeczki Mąka
- ½ łyżeczki Sól
- 3 Jajka
- 3 filiżanki mleko
- ¼ łyżeczki Gałka muszkatołowa
- 1 9- calowa niewypieczona skorupa ciasta

INSTRUKCJE:
a) Połącz cukier, mąkę, sól i jajka i mieszaj, aż masa będzie gładka. Podgrzej mleko do temperatury wrzenia.
b) Dodaj 1 szklankę gorącego mleka do mieszanki jajecznej. Wlać to do pozostałego gorącego mleka.
c) Wlać do nieupieczonego ciasta. Posyp gałką muszkatołową na wierzchu. Piec w temperaturze 350 stopni F. przez 45-60 minut.

PIEKNE CIASTA

84. Tiramisu Whoopie Pie

Na: 6 porcji

SKŁADNIKI:
CIASTECZKA:
- 2 szklanki mąki migdałowej
- 3 łyżki niesmakowanego białka serwatkowego
- ½ szklanki granulowanego słodzika z owoców mnicha
- 2 łyżeczki proszku do pieczenia
- ½ łyżeczki sody oczyszczonej
- ½ łyżeczki soli
- ½ szklanki masła pokrojonego w małą kostkę
- ½ szklanki substytutu cukru o niskiej zawartości węglowodanów lub ½ szklanki ulubionego słodzika o niskiej zawartości węglowodanów
- 2 duże jajka
- 1 łyżeczka ekstraktu waniliowego
- ½ szklanki pełnotłustej śmietany
- kakao do posypania

POŻYWNY:
- ¼ filiżanki zimnej kawy espresso lub mocnej kawy
- 1 łyżka ciemnego rumu opcjonalnie lub z wybranym alkoholem
- 8-uncjowy serek mascarpone
- 2 łyżki substytutu cukru o niskiej zawartości węglowodanów
- szczypta soli
- ½ szklanki gęstej śmietanki
- 2 łyżeczki ekstraktu waniliowego
- 2 łyżeczki ciemnego rumu opcjonalnie lub z wybranym alkoholem

INSTRUKCJE:
a) Rozgrzej piekarnik do 350 ° F. Spryskaj patelnię Whoopie Pie sprayem nieprzywierającym.
b) W misce wymieszaj mąkę migdałową, proszek białkowy, słodzik z brązowego cukru, proszek do pieczenia, sodę oczyszczoną i sól. Odłożyć na bok.

c) Ubij masło i cukier mikserem na średnio-wysokiej prędkości, aż uzyskasz kremową konsystencję; około 2 minut. Dodaj jajka i 1 łyżeczkę wanilii, ubijaj, aż składniki się połączą. Zdrap boki miski. Dodaj śmietanę, a następnie osusz mieszaninę.

d) Za pomocą małej łyżeczki nałóż ciasto do każdej formy na ciasto, wypełniając około ⅔ przestrzeni. Umieść trochę kakao w małym sitku i posyp odrobiną kakao na wierzchu każdej miarki ciasta.

e) Piec, aż krawędzie będą złociste, około 10-12 minut.

f) Studzimy na metalowej kratce przez około 10 minut, następnie wyjmujemy ciasteczka z formy i pozostawiamy do ostygnięcia.

g) Po ostudzeniu odwrócić ciasteczka na kratkę do góry nogami.

h) W małej misce wymieszaj espresso i 3 łyżki ciemnego rumu. Na spód każdego ciasteczka nałóż około ¼ łyżeczki espresso.

i) Ubij serek mascarpone, substytut cukru o niskiej zawartości węglowodanów, sól, śmietankę waniliową i 1 łyżkę ciemnego rumu za pomocą miksera, aż masa będzie gładka. Na czekoladową połówkę ciasteczek nałóż odrobinę mieszanki serka mascarpone. Na wierzchu ułóż drugą połowę ciasteczek.

j) Podawać natychmiast lub włożyć do lodówki.

85. Ciasto z melasą

Ilość: 1 porcja

SKŁADNIKI:
- 2 jajka
- 2 szklanki brązowego cukru
- 1 szklanka melasy
- 1 szklanka margaryny
- 1 ½ szklanki słodkiego mleka
- 4 łyżeczki sody oczyszczonej
- ½ łyżeczki imbiru
- ½ łyżeczki cynamonu
- ½ łyżeczki goździków
- 5 szklanek mąki
- 2 Białka jaj
- 2 łyżeczki wanilii
- 4 łyżki mąki
- 2 łyżki mleka
- 1 ½ szklanki oleju roślinnego
- 1 funt 10 x cukier

INSTRUKCJE:
a) Tłuszcz śmietankowy, cukier i jajka. Dodać melasę, mleko i suche składniki.
b) Nakładać łyżkami na blachę do pieczenia. Piec 350 8-10 minut. NADZIENIE: Białka ubić na sztywną pianę.
c) Dodać wanilię, mąkę i mleko. Dobrze ubić, dodać tłuszcz i cukier.
d) Gdy ciasteczko ostygnie, rozsmaruj nadzienie na dwóch i połącz.

86. Ciasto owsiane

Ilość: 1 porcja

SKŁADNIKI:
- 2 szklanki brązowego cukru
- ¾ szklanki tłuszczu
- 2 jajka
- ½ łyżeczki soli
- 1 łyżeczka cynamonu
- 1 łyżeczka proszku do pieczenia
- 1 łyżeczka sody oczyszczonej
- 3 łyżki Wrzącej wody
- 2 ½ szklanki mąki
- 2 szklanki płatków owsianych
- 2 Białka jaj, ubite
- 2 łyżeczki wanilii
- 4 łyżki mąki
- 2 łyżki cukru 10X
- 4 łyżki mleka
- 1 ½ szklanki stałego tłuszczu piekarskiego Crisco
- 4 szklanki 10X cukru

INSTRUKCJE:
a) Kremowy brązowy cukier i tłuszcz. Dodać jajka i ubić. Dodać sól, cynamon i proszek do pieczenia. Sodę oczyszczoną rozpuścić we wrzącej wodzie i dodać do mieszanki. Dodać mąkę i płatki owsiane. Łyżką na natłuszczoną blachę z ciasteczkami i piecz od 8 do 10 minut w temperaturze 350 stopni. Całkowicie ostudzić.
b) Wypełnij, korzystając z poniższego wypełnienia. Zrób ciasteczka kanapkowe. Białka ubić, dodać wanilię, 4 łyżki mąki, 2 łyżki 10X cukru i mleko.
c) Dodać tłuszcz i dobrze ubić. Dodaj 4 szklanki 10X cukru i ponownie ubijaj.
d) Zrób kanapki.

CIASTA

87. Ciasto z grzybami i cielęciną

Ilość: 4 porcje

SKŁADNIKI:
- 1 funt Duszona cielęcina
- 3 łyżki mąki uniwersalnej
- ¼ łyżeczki soli
- ½ łyżeczki pieprzu
- 1 łyżka oleju roślinnego
- 1 cebula, posiekana
- 1 ząbek czosnku, posiekany
- 2 marchewki, posiekane
- 3 szklanki grzybów, pokrojonych w plasterki
- ½ łyżeczki suszonej szałwii
- 2 szklanki bulionu wołowego
- 2 łyżki wytrawnego wermutu [opcjonalnie]
- 1 łyżka koncentratu pomidorowego
- 1 łyżeczka sosu Worcestershire
- 1 szklanka mrożonego groszku
- 1 ¼ szklanki mąki uniwersalnej
- 1 łyżka świeżej pietruszki, posiekanej
- 2 łyżeczki proszku do pieczenia
- ¾ łyżeczki sody oczyszczonej
- szczypta soli
- szczypta pieprzu
- 3 łyżki masła, zimne
- ¾ szklanki zwykłego jogurtu o niskiej zawartości tłuszczu

INSTRUKCJE:
a) Przytnij cielęcinę; pokroić na kawałki wielkości kęsa. W plastikowej torbie wymieszaj mąkę z solą i połową pieprzu. wrzucaj cielęcinę do mąki, w razie potrzeby partiami.
b) Na dużej, głębokiej patelni z powłoką nieprzywierającą rozgrzej połowę oleju na średnim ogniu; podsmaż mięso partiami, w razie potrzeby dodając pozostały olej. Przełożyć na talerz; odłożyć na bok.

c) Na patelni wymieszaj cebulę, czosnek, marchew, grzyby, szałwię i 1 łyżkę wody; gotować, mieszając, przez około 7 minut lub do momentu, aż będzie złocisty i wilgoć odparuje.
d) Wymieszaj ⅔ szklanki wody, bulion, wermut, koncentrat pomidorowy, Worcestershire, pozostałą paprykę i zarezerwowane mięso. doprowadzić do wrzenia; zmniejszyć ogień i gotować pod przykryciem, od czasu do czasu mieszając, przez 1 godzinę.
e) Odkryć; gotować około 15 minut lub do momentu, aż mięso będzie miękkie, a sos zgęstnieje. Wymieszaj groszek; ostudzić. Wlać do 8-calowego kwadratowego naczynia do pieczenia.
f) Lekka polewa biszkoptowa: W dużej misce wymieszaj mąkę, pietruszkę, proszek do pieczenia, sodę oczyszczoną, sól i pieprz; pokroić w masło, aż mieszanina będzie przypominać grube okruszki. Dodaj jogurt na raz; wymieszać widelcem na miękkie, lekko lepkie ciasto.
g) Na lekko posypanej mąką powierzchni delikatnie zagniataj ciasto 8 razy lub do uzyskania gładkiej konsystencji.
h) Delikatnie rozwałkuj ciasto na kwadrat o boku 8 cali. Pokrój na 16 równych kwadratów. Ułożyć na mieszance cielęcej w 4 rzędach.
i) Piec w piekarniku nagrzanym na temperaturę 230°C przez 25–30 minut lub do momentu, aż ciasto zacznie się pienić, skórka będzie złocista, a ciastka będą upieczone pod spodem po delikatnym podniesieniu.
j) Podawać ze smażoną cukinią.

88. Ciasto z kurczakiem Cheddar

Ilość: 6 porcji

SKŁADNIKI:

SKORUPA
- 1 szklanka niskotłuszczowej mieszanki do pieczenia
- ¼ szklanki wody

POŻYWNY
- 1 ½ szklanki bulionu z kurczaka
- 2 szklanki ziemniaków, obranych i
- Pokrojone w kostkę
- 1 szklanka marchewki, pokrojonej w plasterki
- ½ szklanki selera, pokrojonego w plasterki
- ½ szklanki cebuli, posiekanej
- ½ szklanki posiekanej papryki
- ¼ szklanki niebielonej mąki
- 1 ½ szklanki odtłuszczonego mleka
- 2 szklanki beztłuszczowego sera Cheddar – startego
- 4 szklanki kurczaka, jasnego mięsa bez skóry
- Gotowane i pokrojone w kostkę
- ¼ łyżeczki przyprawy do drobiu

INSTRUKCJE:

a) Rozgrzej piekarnik do 425°C. Aby przygotować skórkę, połącz 1 szklankę mieszanki do pieczenia i wodę, aż utworzy się miękkie ciasto; bić energicznie. Delikatnie wygładź ciasto w kulę na posypanej mąką powierzchni. Ugniataj 5 razy. Postępuj zgodnie ze wskazówkami dotyczącymi skorupy. Aby przygotować nadzienie, w rondlu podgrzej bulion.

b) Dodać ziemniaki, marchew, seler, cebulę i paprykę. Gotuj 15 minut lub do momentu, aż wszystko będzie miękkie. Mąkę wymieszać z mlekiem. Wmieszać do mieszanki bulionowej. Gotuj i mieszaj na średnim ogniu, aż lekko zgęstnieje. Wymieszaj przyprawę do sera, kurczaka i drobiu. Podgrzewaj, aż ser się roztopi. Przełóż łyżką do 2-litrowego naczynia żaroodpornego. Nałóż ciasto na nadzienie do zapiekanki. Uszczelnij krawędzie. Zrób nacięcia w cieście, aby uzyskać parę.

c) Piec przez 40 minut lub do złotego koloru.

89. Ciasto wieprzowe wiejskie

Ilość: 6 porcji

SKŁADNIKI:
- 2 Cebule, duże, posiekane
- 2 marchewki, duże, pokrojone w plasterki
- 1 główka kapusty, mała, posiekana
- 3 szklanki wieprzowiny, ugotowanej i pokrojonej w kostkę
- Sól dla smaku
- 1 ciasto na ciasto o średnicy 9 cali
- ¼ szklanki masła lub margaryny
- 2 Ziemniaki, duże, pokrojone w kostkę
- 1 puszka bulionu z kurczaka (14 uncji)
- 1 łyżka aromatycznych Bittersów Angostura
- Biały pieprz do smaku
- 2 łyżeczki nasion kminku

INSTRUKCJE:
a) 1. Cebulę podsmaż na maśle na złoty kolor. 2. Dodać marchewkę, ziemniaki, kapustę, bulion, wieprzowinę i Bitkę; przykryć i gotować, aż kapusta będzie miękka, około 30 minut.
b) 3. Dopraw solą i białym pieprzem do smaku. 4. Przygotować ciasto, dodając kminek. 5. Rozwałkuj ciasto na lekko posypanej mąką stolnicy na grubość ⅛ cala; wytnij sześć 6-calowych kółek na sześć 5-calowych foremek na ciasto. 6. Rozłóż nadzienie równo pomiędzy foremki do ciasta; na wierzch ułóż skórkę, tak aby ciasto wystawało ½ cala ponad boki formy. 7. Wytnij krzyż na środku każdego ciasta; odciągnij wierzchołki ciasta, aby otworzyć wierzch ciasta.
c) Piec w nagrzanym piekarniku do 400'F. Piec 30 do 35 minut lub do czasu, aż skórka będzie brązowa, a nadzienie musujące.

90. Ciasto z homarem

Na: 6 porcji

SKŁADNIKI:
- 6 łyżek masła
- 1 szklanka posiekanej cebuli
- ½ szklanki posiekanego selera
- Sól; do smaku
- Świeżo zmielony biały pieprz; do smaku
- 6 łyżek mąki
- 3 szklanki bulionu z owoców morza lub kurczaka
- 1 szklanka mleka
- 2 szklanki pokrojonych w kostkę ziemniaków; blanszowany
- 1 szklanka pokrojonej w kostkę marchewki; blanszowany
- 1 szklanka groszku słodkiego
- 1 szklanka szynki pieczonej pokrojonej w kostkę
- 1 funt mięsa homara; gotowane, pokrojone w kostkę
- ½ szklanki wody -; (do 1 szklanki)
- ½ Przepisu Podstawowy pikantny spód do ciasta
- Rozwałkowane na wielkość patelni

INSTRUKCJE:
a) Rozgrzej piekarnik do 375 stopni. Nasmaruj tłuszczem prostokątne szklane naczynie do pieczenia. Na dużej patelni rozpuść masło. Dodać cebulę i seler i smażyć przez 2 minuty.
b) Doprawić solą i pieprzem. Dodaj mąkę i gotuj przez około 3 do 4 minut, aby uzyskać blond zasmażkę.
c) Wlać bulion i doprowadzić płyn do wrzenia. Zmniejsz ogień i kontynuuj gotowanie przez 8 do 10 minut lub do momentu, aż sos zacznie gęstnieć. Dodaj mleko i kontynuuj gotowanie przez 4 minuty.
d) Doprawić solą i pieprzem. Zdjąć z ognia. Wymieszaj ziemniaki, marchewkę, groszek, szynkę i homara. Doprawić solą i pieprzem. Dokładnie wymieszaj nadzienie. Jeśli nadzienie jest zbyt gęste, należy dodać odrobinę wody, aby rozrzedzić nadzienie.

e) Nadzienie wlać do przygotowanej formy. Połóż skorupę na wierzchu nadzienia.
f) Ostrożnie wsuń nachodzący na siebie spód na patelnię, tworząc gruby brzeg. Zaciśnij brzegi formy i połóż na blasze do pieczenia.
g) Za pomocą ostrego noża wykonaj kilka nacięć w górnej części ciasta. Włóż naczynie do piekarnika i piecz przez około 25 do 30 minut lub do momentu, aż skórka będzie złotobrązowa i chrupiąca.
h) Wyjąć z piekarnika i ostudzić przez 5 minut przed podaniem.

91. Ciasto ze stekiem

Ilość: 4 porcje

SKŁADNIKI:
- 1 szklanka posiekanej cebuli
- 2 łyżki margaryny
- 3 łyżki mąki uniwersalnej
- 1 ½ szklanki bulionu wołowego
- ½ szklanki oryginalnego sosu do steków A 1 lub A.1 Bold & Spicy
- 3 szklanki gotowanego steku pokrojonego w kostkę (ok 1 1/2 funta)
- 1 16 uncji opak. mrożona mieszanka brokułów, kalafiora i marchwi
- Przygotuj ciasto na 1 placek
- 1 jajko, ubite

INSTRUKCJE:
a) W rondlu o pojemności 2 litrów, na średnim ogniu, podsmaż cebulę na margarynie, aż będzie miękka.
b) Wymieszać z mąką; gotuj jeszcze 1 minutę. Dodaj bulion i sos stekowy; gotować i mieszać, aż mieszanina zgęstnieje i zacznie wrzeć. Wymieszaj stek i warzywa. Wlać mieszaninę do 8-calowego kwadratowego szklanego naczynia do pieczenia.
c) Rozwałkuj i pokrój ciasto tak, aby pasowało do naczynia. Uszczelnij skórkę do krawędzi naczynia; posmaruj jajkiem. Rozetnij górną część ciasta, aby odpowietrzyć.
d) Piec w temperaturze 200°F przez 25 minut lub do momentu, aż skórka stanie się złotobrązowa.
e) Natychmiast podawaj. Udekoruj według uznania.

92. Azjatyckie ciasto z kurczakiem

Ilość: 1 porcja
SKŁADNIKI:
- 4 6-uncjowa pierś z kurczaka bez kości i skóry
- ½ łyżeczki chińskiego czarnego octu
- 1 główka brokułu
- ½ funta kasztanów wodnych
- 1 duża marchewka
- 1 Łodyga selera
- 1 mały Bokchoy
- 2 łyżki oliwy z oliwek
- 2 łyżki skrobi kukurydzianej
- ½ łyżeczki przyprawy chińskiej 5
- Sól i pieprz do smaku
- 3 posiekane ząbki czosnku
- 2 łyżki posiekanej cebuli
- 1 łyżeczka posiekanego imbiru
- 1 szklanka bulionu z kurczaka
- 8 arkuszy ciasta filo
- 2 łyżki roztopionego masła
- 1 łyżka posiekanego szczypiorku chińskiego
- 4 duże gałązki rozmarynu

INSTRUKCJE:

a) Kurczaka pokroić w 2-calowe paski. Wszystkie warzywa pokroić w 2-calowe paski i blanszować. Na dużej patelni na dużym ogniu podsmaż paski kurczaka z octem. Dodaj skrobię kukurydzianą. Doprawiamy proszkiem 5 przypraw, solą i pieprzem. Dodać czosnek, cebulę i imbir. Smażyć przez 5 do 6 minut. Dodaj bulion z kurczaka i warzywa. Gotuj przez 8 do 10 minut. Sprawdź przyprawę.

b) Chłod. Ułóż cztery ½-calowe arkusze ciasta filo, posmaruj masłem pomiędzy arkuszami i umieść w czterocalowej formie do ciasta. Powtórz proces dla czterech patelni. Rozłóż równomiernie mieszaninę kurczaka na każdej patelni. Dodaj szczypiorek. Złóż rogi do środka. Piec w piekarniku nagrzanym na 400 stopni przez 12 minut.

c) Natychmiast przełóż na talerze i udekoruj gałązkami rozmarynu.

CIASTA MIELONE

93. Paszteciki Baileys

Na: 9-12 ciast

SKŁADNIKI:
- 200 g mąki pszennej plus dodatkowa ilość do podsypania
- 100 g masła, schłodzonego i pokrojonego w kostkę
- 1 łyżeczka cukru pudru
- 1 średnie jajko z wolnego wybiegu, lekko ubite
- 1 łyżka Baileys Original
- 250 g dobrej jakości mięsa mielonego
- 2 łyżki mleka do posmarowania

DO MASŁA BAILEYSA
- 75 g masła, miękkiego
- 75 g cukru pudru plus dodatkowa ilość do posypania
- 2 łyżki Baileys Original

INSTRUKCJE:
a) Do dużej miski wsyp mąkę i dodaj kostki schłodzonego masła. Opuszkami palców utrzyj masło z mąką, aż mieszanina będzie przypominać bułkę tartą. Dodaj cukier, następnie dodaj jajko i szybko wymieszaj masę, aby powstało miękkie ciasto. Jeśli wydaje się suche, dodaj odrobinę zimnej wody. Ciasto zawiń w folię spożywczą i schładzaj przez 30 minut..
b) Rozgrzej piekarnik do 180°C z termoobiegiem/gazem. 6. Wymieszaj Baileys z mięsem mielonym i odłóż na bok.
c) Na lekko posypanej mąką powierzchni rozwałkuj ciasto i wytnij 9-12 kółek o średnicy wystarczającej do wyłożenia otworów w formie. Delikatnie wciśnij je w otwory, używając małej kulki zapasowego ciasta. Z pozostałego ciasta wytnij 9-12 mniejszych kółek, gwiazdek lub świątecznych kształtów na pokrywki.
d) Do każdego ciasta włóż około łyżki mięsa mielonego. Posmaruj dolne krawędzie każdej pokrywki odrobiną mleka i połóż pokrywki na ciastach. Dociśnij brzegi ciasta do siebie, aby je uszczelnić. Posmaruj wierzch każdego ciasta odrobiną mleka, a następnie za pomocą małego, ostrego noża natnij X na wierzchu

każdego z zapieczętowanych pasztetów, aby umożliwić ujście pary.
e) Piec paszteciki w piekarniku przez 15-20 minut, aż uzyskają złocisty kolor. Pozostaw je do ostygnięcia w formie na 5 minut, a następnie ostrożnie wyjmij je na metalową kratkę, aby całkowicie ostygły.
f) Aby przygotować masło Baileys, utrzyj 75 g masła, aż będzie miękkie i gładkie, dodaj cukier puder i Baileys i ponownie ubijaj. Posyp paszteciki cukrem pudrem i podawaj z kremowym masłem Baileys.

94. Ciasto jabłkowo-mielone

Na: 1 porcję

SKŁADNIKI:
- 1 9-calowa skorupa ciasta, niewypieczona
- ¼ szklanki mąki uniwersalnej
- ⅓ szklanki cukru
- ⅛ łyżeczki soli
- 1 łyżka margaryny lub masła
- ¼ szklanki wody
- 2 łyżki czerwonych cukierków cynamonowych
- 2 słoiki (9 uncji) mięsa mielonego, przygotowane
- 3 jabłka, tarta

INSTRUKCJE:
a) Przygotuj skorupkę ciasta. Rozgrzej piekarnik do 200°C. Posyp 2 łyżki mąki wyłożoną ciastem blachę do ciasta. Resztę mąki, cukier, sól i margarynę wymieszać na kruszonkę. Podgrzej wodę i cukierki cynamonowe, mieszając, aż cukierki się rozpuszczą. Na cieście rozsmaruj mięso mielone.

b) Obierz jabłka i pokrój je na ćwiartki; pokroić w kliny o grubości ½ cala po zewnętrznej stronie. Przykryj mięso mielone 2 krążkami zachodzących na siebie kawałków jabłek; posypać mieszanką cukru. Na wierzch połóż łyżkę syropu cynamonowego, zwilżając możliwie jak najwięcej mieszanki cukru.

c) Przykryj krawędź 2–3-calowym paskiem folii aluminiowej, aby zapobiec nadmiernemu brązowieniu; zdjąć folię na ostatnie 15 minut pieczenia. Piec, aż skórka będzie złotobrązowa, od 40 do 50 minut.

95. Ciasto mielone z jabłkami

Na: 1 ciasto

SKŁADNIKI:
- 1 skorupa z niewypieczonego ciasta; 9 cali
- 3 jabłka; obrane, pokrojone w cienkie plasterki
- ½ szklanki mąki; nieprzesiany
- 3 łyżki mąki; nieprzesiany
- 2 łyżki margaryny; lub masło, roztopione
- 1 słoik Brak Takie mięso mielone Gotowe do użycia
- ¼ szklanki brązowego cukru; mocno zapakowane
- 1 łyżeczka mielonego cynamonu
- ⅓ szklanki margaryny; lub masło, zimne
- ¼ szklanki orzechów; posiekana

INSTRUKCJE:
a) W dużej misce wymieszaj jabłka z 3 łyżkami mąki i roztopioną margaryną; ułożyć w formie ciasta. Posyp mięsem mielonym. W średniej misce połącz pozostałe ½ szklanki mąki, cukier i cynamon; Kroimy na zimną margarynę, aż będzie krucha. Dodaj orzechy; posypać mięsem mielonym.
b) Piec w dolnej połowie piekarnika 425 10 minut. Zmniejsz temperaturę piekarnika do 375; piec 25 minut dłużej lub na złoty kolor. Fajny.

96. Ciasto mielone z żurawiną

Na: 6 porcji

SKŁADNIKI:
- ⅔ szklanki cukru
- 2 łyżki skrobi kukurydzianej
- ⅔ szklanki wody
- 1 ½ szklanki świeżej żurawiny, opłukanej
- 1 x ciasto na ciasto na 2 ciasta
- 1 każdy słoik gotowy do użycia mięsa mielonego
- 1 żółtko jaja zmieszane z 2 t. wody

INSTRUKCJE:
a) W rondlu połącz cukier i skrobię kukurydzianą; dodaj wodę. Na dużym ogniu gotuj i mieszaj aż do wrzenia. Dodaj żurawinę; ponownie zagotuj. Zmniejsz ogień, gotuj na wolnym ogniu przez 5 do 10 minut, od czasu do czasu mieszając.
b) Zamień mięso mielone w wyłożony ciastem talerz o średnicy 9 lub 10 cali. Na wierzch połóż żurawinę.
c) Przykryć wentylowaną górną skorupą, uszczelnić i fletem. Posmarować mieszaniną jajek na skórce.
d) Piec w temperaturze 425 stopni w dolnej połowie piekarnika przez 30 minut lub do złotego koloru. Ostudzić. Udekorować jajkiem.
e) Dodać pół litra ubitej śmietanki. Schłodzić.

97. Ciasto mielone z cytryną

Ilość: 1 porcja

SKŁADNIKI:
- 1 szklanka przesianej mąki uniwersalnej Pillsbury's Best
- ½ łyżeczki soli
- ⅓ szklanki tłuszczu
- 3 łyżki zimnej wody
- 9 uncji opakowania suchego mięsa mielonego; rozbity na kawałki
- 2 łyżki cukru
- 1 szklanka wody
- 2 łyżki orzechów włoskich Funsten; posiekana
- 2 łyżki masła
- ⅔ szklanki cukru
- 2 łyżki mąki
- 2 Żółtka jaj
- 1 łyżka startej skórki z cytryny
- 2 łyżki soku z cytryny
- ¾ szklanki mleka
- 2 Białka jaj

INSTRUKCJE:
a) Przesiać mąkę uniwersalną Pillsbury's Best All Purpose i sól do miski miksującej.
b) Kroić tłuszcz, aż cząstki będą wielkości małego groszku. Posyp mieszaninę 3–4 łyżkami zimnej wody, cały czas mieszając i lekko mieszając widelcem.
c) Dodaj wodę do najsuchszych cząstek, odpychając grudki na boki, aż ciasto będzie wystarczająco wilgotne, aby się sklejało. Uformować w kulkę.
d) Spłaszczyć do grubości ½ cala; gładkie krawędzie. Rozwałkuj na posypanej mąką powierzchni na okrąg o 1½ cala większy niż odwrócony 9-calowy placek. Dopasuj luźno do piepanu.
e) Złóż krawędź, aby utworzyć stojącą krawędź; flet prosty. Nie piec. Nadzienie z mięsa mielonego: Połącz suche mięso mielone

(w razie potrzeby 2 szklanki przygotowanego mięsa mielonego można zastąpić mieszanką suchego mięsa mielonego), cukier i wodę w małym rondlu.

f) Doprowadzić do wrzenia; gotować 1 minutę. Fajny. Wymieszać z 2 łyżkami posiekanych orzechów włoskich. Przełożyć do formy wyłożonej ciastem. Polewę wylać na mięso mielone.
g) Piec w umiarkowanym piekarniku (350 stopni) od 45 do 50 minut. Fajny. Polewa cytrynowa: Połącz masło, cukier i mąkę; Dobrze wymieszać.
h) Wymieszaj z żółtkami. Dodaj startą skórkę z cytryny, sok z cytryny i ¾ szklanki mleka. Ubijaj białka jaj, aż utworzą się miękkie szczyty; delikatnie wmieszać do mieszanki.

98. Ciasto mielone z sadu

Ilość: 8 porcji

SKŁADNIKI:
1 9-calowe ciasto; nieupieczone
2 szklanki średnich jabłek; obrane i drobno posiekane
1 szklanka gotowego mięsa mielonego
¾ szklanki jasnej śmietanki
¾ szklanki brązowego cukru; zapakowane
¼ łyżki soli
½ szklanki posiekanych orzechów

INSTRUKCJE:
a) W dużej misce wymieszaj jabłka, mięso mielone, śmietanę, brązowy cukier i sól. Dobrze wymieszaj.
b) Wlać do niewypieczonej formy do ciasta; posypać orzechami.
c) Piec w temperaturze 375° przez 40 do 50 minut, aż skórka będzie złotobrązowa.

99. Ciasto mielone z kwaśną śmietaną

Ilość: 10 porcji

SKŁADNIKI:
- 1 9-calowa skorupa ciasta; nieupieczone
- 1 opakowanie (9 uncji) skondensowanego mięsa mielonego; rozdrobniony
- 1 szklanka soku jabłkowego lub wody
- 1 średnie jabłko; obrane, obrane, posiekane
- 1 łyżka mąki
- 2 szklanki kwaśnej śmietany
- 2 jajka
- 2 łyżki cukru
- 1 łyżeczka wanilii
- 3 łyżki Orzechy; posiekana

INSTRUKCJE:
a) Rozgrzej piekarnik do 425°. W małym rondlu wymieszaj mięso mielone i sok jabłkowy.
b) Doprowadzić do wrzenia; gotować energicznie 1 minutę. W średniej misce wymieszaj mąkę z jabłkami, aby je pokryć; wymieszać z mięsem mielonym. Wlać do skorupy ciasta. Piec 15 minut.
c) W międzyczasie w małej misce miksera wymieszaj śmietanę, jajka, cukier i wanilię; ubijaj, aż będzie gładkie. Wylać równomiernie na masę mieloną. Posypać orzechami. Wróć do piekarnika; piec 8 do 10 minut dłużej, aż ciasto się zetnie. Fajny.
d) Dokładnie ostudź. Udekoruj według uznania. Resztki przechowuj w lodówce.

WNIOSEK

Ciasto to zawsze dobry pomysł, zwłaszcza podczas wakacji! Menu na Święto Dziękczynienia i świąteczne desery są zawsze wypełnione dużą ilością sezonowych ciast, takich jak dynia i żurawina-pomarańcza. Ale są też inne okazje, które zasługują na ciasto. Podobnie jak letnia kuchnia, podczas której ciasto z limonką i ciasto z truskawkami stanowią wspaniałe desery na ciepłe dni. Z drugiej strony nie potrzebujesz powodu, aby zrobić domowe ciasto. Po prostu włóż ciasto do zamrażarki i możesz przygotować dowolny z tych przepisów na ciasto, kiedy tylko poczujesz ochotę! Na niedzielną kolację możesz na przykład przygotować ciasto czekoladowe. Możesz też przygotować batoniki z ciasta orzechowego na kolację.

www.ingramcontent.com/pod-product-compliance
Lightning Source LLC
Chambersburg PA
CBHW071309110526
44591CB00010B/839